本报告的出版得到国家重点文物保护
专项补助经费资助

本报告的出版谨向以下单位致以衷心的感谢：

四川省文物局

乐山市文化广电新闻出版局

乐山市五通桥区文化体育广电新闻出版局

特别感谢：

山东高速集团四川乐宜高速公路有限公司

乐山西坝窑址

四川省文物考古研究院
乐山市文物保护研究所 编著
五通桥区文物保护管理所

文物出版社

图书在版编目（CIP）数据

乐山西坝窑址／四川省文物考古研究院，乐山市文
物保护研究所，五通桥区文物保护管理所编著．—北京：
文物出版社，2017. 12

ISBN 978 - 7 - 5010 - 5257 - 8

Ⅰ. ①乐… 　Ⅱ. ①四… ②乐… ③五… 　Ⅲ. ①民窑 -
研究 - 乐山 - 宋元时期 　Ⅳ. ①K876. 34

中国版本图书馆 CIP 数据核字（2017）第 239114 号

乐山西坝窑址

编　　著：四川省文物考古研究院　乐山市文物保护研究所　五通桥区文物保护管理所

责任编辑：陈　峰
责任印制：陈　杰
封面设计：刘　远

出版发行：文物出版社
社　　址：北京市东直门内北小街 2 号楼
邮　　编：100007
网　　址：http：//www. wenwu. com
邮　　箱：web@ wenwu. com
经　　销：新华书店
印　　刷：北京鹏润伟业印刷有限公司
开　　本：889mm×1194mm　1/16
印　　张：11. 25　插页：1
版　　次：2017 年 12 月第 1 版
印　　次：2017 年 12 月第 1 次印刷
书　　号：ISBN 978 - 7 - 5010 - 5257 - 8
定　　价：360. 00 元

目　　录

插图目录

图版目录

一　前言

（一）历史沿革、地理环境与窑址现状

西坝窑位于四川乐山市五通桥区西坝镇，北距乐山市 26.5 公里，东北距五通桥区 4.7 公里，北距西坝镇 3.8 公里（图一）。地貌上属于紧靠河流的深丘低山区。

西坝窑所处的五通桥区是乐山市下辖的县级区，距乐山市中心城区 22 公里。地理坐标位于东经 103°39′45″～103°56′48″、北纬 29°17′29″～29°31′30″之间。东与井研县接壤，南与犍为县相连，西与沙湾区交界，北与市中区毗邻，面积 474.03 平方公里[①]。

五通桥区汉代为益州犍为郡南安县地。隋开皇四年（584 年），政区分而治之，先后为嘉州平羌县、资阳郡荣州大牢县、嘉州玉津县、荣州应灵县管辖。宋代至民国时期，为嘉定州（府）犍为县辖地。1949 年 12 月，五通桥获解放，隶属犍为县。1950 年，五通桥为犍为县第四区，西坝为第五区，不久又分别更改为第八、九区。1951 年 10 月，以犍为县第八区（五通桥）成立五通桥市，隶属乐山专区。1952 年 8 月，犍为县第九区（西坝）划归五通桥市，为该市第六区。1954 年 6 月，五通桥市第六区（西坝）划归乐山县管辖，为该县第十区。1959 年 3 月，撤销五通桥市并入乐山县，为该县五通桥区。1962 年 7 月，恢复五通桥市建制。1964 年 5 月，改五通桥市为五通桥区，为乐山专区直辖区。1978 年 5 月，五通桥区与乐山县合并成立乐山市（县级），为乐山地区乐山市五通桥区。1985 年 5 月，撤销乐山地区，成立省辖乐山市，五通桥区为乐山市辖区（县级）[②]。

西坝镇地处岷江西岸，东与竹根镇隔河相望，西南面与犍为县相邻，北与石麟镇相接，面积 62.09 平方公里[③]。该镇原名西坝场（铺）、西溶镇，分为南北二坝，北为三仙坝，南为水营坝。西坝似因与四望溪入口处的四方坝相对峙而得名，一说以为西坝地形与犀牛相像，西坝当作"犀坝"[④]。

---

① 乐山市五通桥区地方志编纂委员会编：《乐山市五通桥区志（1991—2005）》，巴蜀书社，2011 年，第 1 页。

② 四川省五通桥区志编纂委员会编纂：《五通桥区志》，巴蜀书社，1992 年，第 55 页。

③ 《乐山市五通桥区志（1991—2005）》，第 45 页。

④ （清）吕朝恩等纂修：《（嘉庆）犍为县志》卷二《方舆志》，中国国家图书馆藏犍为县署板。

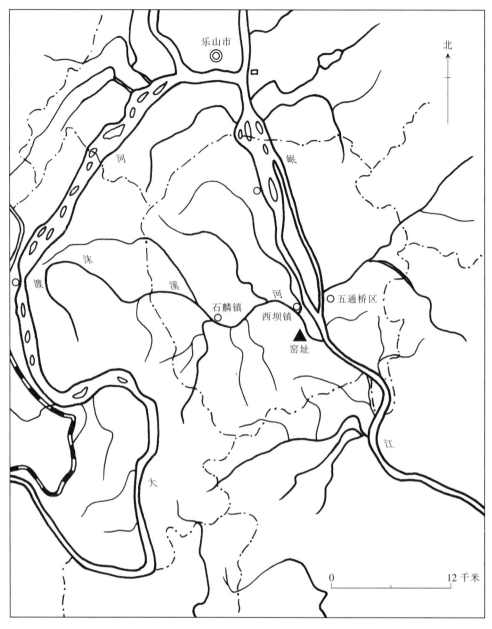

图一　窑址位置示意图

明初岷江淤积为坝，地势平坦，来往船只到此停靠，商业繁荣。明代这一带属于普宁乡①。清代，因开办石麟（凤来）煤矿，煤炭聚集于此，成为水路运输码头和商业中心。民国时建乡，因镇外有西溶三山，定名为"西溶乡"②，属上里管辖。新中国成立初期，隶属犍为县第九区。1956年建镇，命名为"西溶镇"，划归五通市第六区。1954年，随区划归乐山县。1958年镇社合一，与西坝

① （清）宋锦等纂修：《（乾隆）犍为县志》卷二《建设志》，载故宫博物院编：《故宫珍本丛刊》第214册，海南出版社，2001年，第182页。

② 民国二十三年（1934年）修成的《犍为县志》记作西坝乡。（民国）陈谦等修纂：《（民国）犍为县志》卷一《疆土志》，载《中国地方志集成·四川府县志辑》第41册，巴蜀书社、江苏古籍出版社、上海书店，1992年，第28页。

公社合并，成立西坝公社。1962 年，又单独成立西溶镇。1994 年，西溶镇更名为西坝镇①。

五通桥区地势由西北向东南倾斜，依次形成山、丘、坝三种地貌，境内以丘陵为主，海拔为331～735 米。西坝镇靠近岷江的地貌以平坝为主，西部、西南部的地貌为丘陵、低山。岷江、茫溪河、涌斯江、沫溪河纵横五通桥区境内，水利资源十分丰富。其中沫溪河又称墨溪、大脉溪、石麟河，是岷江的一级支流，源出乐山市沙湾区太平镇，从石麟镇莲花池入境，流经石麟镇、西坝镇，由水银坝（也称"铁蛇坝"）的"岩窝儿"（也称"铁蛇岩"、"白脸石"）注入岷江，区域流程 22.15 公里，河床自然落差较大，平均约 1‰，河流宽深不等，河身狭小，石滩较多，水量小，年径流量为 0.3970 至 0.6140 亿立方米。新中国成立前，该河天仙桥至新院（垣）子共计 20 公里的河段可供木船通航。沫溪河与岷江交汇处有大漩涡，船只容易翻倾，直至民国时期才略有改善。1940 年，航行于沫溪河上的木帆船有载重 30 吨的 60 只，载重 20吨的 50 只，载重 2 吨的 30 只。当时该河段筑有通济埝，有埝埠 7 道，洪水季节埝埠被冲毁，10 吨以上木船需停航，汛期后经修复又可以通航，每年通航时间约有 7 个月，10 吨以下木船则可全年通航，主要用于下运凤来煤矿的煤炭，运至西坝镇再换大船、竹筏转运至五通桥，年运量 3.4 万吨。五通桥区属中亚热带湿润性季风气候，具有冬无严寒，夏无酷热，雨热同季，四季分明的特点。年平均温度 17.4℃，年降水量 1390.6 毫米，年日照 1119.7 小时。气候温和，雨量充沛，无霜期长。西坝镇丘陵、低山区的森林覆盖率高，乔木树种有马尾松、山麻柳、柏树、桉树、青冈木、雪松等，灌木有茶树、黄荆、马桑、山茶等，竹类有慈竹、水竹、斑竹、楠竹、苦竹、硬头黄等。凤来矿区有井田 8 处，煤保有量 4031.3 万吨，展布面积 225平方公里，主要分布于区境内的石麟镇、西坝镇，煤层厚度与煤质变化均较稳定，属低硫、低磷、富灰煤。零星分布的煤中，K_9、K_{10} 煤层煤质好，发热量高，离地表近，可平矿开采。由于沫溪河及其支流的侵蚀作用，煤层露头地点较多。据文献记载，清代、民国时期这一带的浅层煤已经有较大规模地开采②。乐山须家河组 K 煤层多夹杂二至三层深灰色至黑色高岭石黏土③。乾隆十一年（1746 年）编修的《（乾隆）犍为县志》引《方舆考略》称西坝窑所处的西溶三山"土细而白，居民作陶咸取，足焉"④。这一带还分布有制作瓷器必需的原料高岭土。

① 乐山地区、乐山市地名领导小组编印：《四川省乐山地区乐山市地名录》（内部资料），1986 年，第 183 页。
② 《五通桥区志》，第 1、73、84～88、94、97、348、398、403 页。（清）傅崇炬编撰：《成都通览》（下册），巴蜀书社，1987 年，第 383 页。郑励俭著：《四川新地志》，正中书局，1946 年，第 177～179 页、第 256 页。《四川省乐山地区乐山市地名录》，第 181 页。乐山市地方志编纂委员会编纂：《乐山市志》，巴蜀书社，2001 年，第 744、755 页。王钰、叶连俊：《四川乐山犍为一带之褐性煤炭》，《地质论评》1939 年第 4 卷第 5 期。四川省交通厅地方交通史志编纂委员会编：《四川内河航运史料汇集：建国前的四川航运（第一辑）》（内部资料），1984 年，第 29 页。《（民国）犍为县志》卷一《疆土志》，第30、55 页。《（民国）犍为县志》卷十一《经济志》，第 360 页。《乐山市五通桥区志（1991—2005）》，第 57、66 页。
③ 《乐山市志》，第 139 页。
④ 《（乾隆）犍为县志》卷一《地理志》，第 174 页。《（嘉庆）犍为县志》卷二《方舆志》。《方舆考略》疑为康熙年间（1662～1722 年）由汪士鋐等人编纂的《钦定皇舆全览》（又名《钦定方舆路程考略》）。陈力：《新出〈钦定皇舆全览〉记》，《四川大学学报》（哲学社会科学版）1990 年第 1 期。

窑址基本分布在沫溪河右岸、西溶三山的东麓之上，海拔大体介于350～510米之间，高出沫溪河10～170米，南距沫溪河注入岷江处的"岩窝儿"（也称"铁蛇岩"）约5公里（图版一）。西溶三山顶部的山称作"木鱼山"，中间的山称作"佛堂山"（今名"福堂山"），底部的后山称作"真武山"（今名"曾武山"[①]），前山称作"铁蛇山"。佛堂山在佛堂寺旧址之上有一铁五显庙[②]。窑址平面形状大致呈新月形，主要分布在建益村1、4、5、6组、庙沱村1、3、4组，以及民权村2组一带，北到庙沱村3组"灰樟坟"至民权村2组"响水洞"一线，西至建益村5、6组背后的山坡，南抵建益村6组"打山沟"及建益村3组"枣儿林"一带，东接西溶三山东麓的坡脚，西北角位于建益村5组"青冈埂"一带，西南角位于建益村6组"打山沟"、"魏家山"一带，东南角位于建益村3组"张家院子"一带，东北角位于民权村2组"响水洞"一带，中心区域位于建益村5组"窑嘴"（又名"瓦窑嘴"）、"窑嘴上"一带。窑址南北长1500米，东西宽100～350米，总面积0.3平方公里。窑址地表除去零散分布的民宅、耕地之外，基本为茂密的乔木、矮灌木等自然植被与果树、竹类等经济林木所覆盖。

（二）考古调查、发掘整理经过及研究现状

关于西坝窑较早的文献记载即为前引《（乾隆）犍为县志》所记。

20世纪七八十年代，重庆市博物馆与乐山市乌尤寺文物管理所对乐山市古代窑址开展联合调查中发现该窑址，当时据西坝镇旧名西溶镇命名为"西溶窑"，调查成果后以简报的形式予以公布[③]。继此次调查之后，直至2005年有人在窑址范围内挖出窑业堆积层，曹洪对窑址再次实地踏查，并向相关部门反映[④]。2006、2007两年间，伍秋鹏、张天琚分别撰文介绍了该窑址的基本概貌与瓷器基本特点[⑤]。

2008年1月，因在建的乐（山市）宜（宾市）高速公路将穿越西坝窑的东缘，在施工中发现窑炉等相关遗存，引起四川省文物考古研究院的高度重视。1月21日至24日期间，高大伦院长、周科华副院长、陈德安院长助理等人两度前往窑址开展实地调查，并与地方文物部门积极协调。1月26日，四川省文物考古研究院委派胡昌钰组队，任江、刘彬参与，对窑址开展详细的复查工作，查明乐宜高速对窑址的具体影响情况。乐宜高速K28＋150至K29＋340路段穿越窑址，且其中多处路段的路基已基

① 《四川省乐山地区乐山市地名录》，第190页。
② 《（民国）犍为县志》卷一《疆土志》，第45页。
③ 陈丽琼：《乐山市古窑址调查》，载氏著：《古代陶瓷研究》，重庆出版社，2001年，第275～303页。
④ 《乐山市五通桥区志（1991—2005）》，第511页。
⑤ 伍秋鹏：《试论四川古陶瓷的窑系（上）》，《收藏界》2006年第12期。伍秋鹏：《乐山西坝窑黑釉瓷初探》，《收藏》2007年第8期。张天琚：《四川乐山西坝窑瓷器浅谈》，《收藏界》2007年第8期。

本成型，随处可见的建设弃土内混杂有瓷片、窑具、红烧土等，在庙沱村还发现 2 处露头的窑炉遗迹。当年 2 月，经国家文物局批准（考古发掘执照编号：W0828003），四川省文物考古研究院联合乐山市文物保护研究所、五通桥区文物保护管理所，由胡昌钰领队，李建伟、江聪、黄家全、王静、任江等人先后参与，在乐宜高速公路穿越窑址的地段内开展抢救性清理发掘工作。发掘工作始于 2 月 19 日，结束于 5 月 13 日，历时近 3 个月，共发掘探沟 3 个，清理窑炉 6 座、灰坑 4 个，发掘面积共计 325 平方米，出土一批较为重要的实物标本。发掘期间，四川省文物局的何振华副处长，四川省文物考古研究院的闫西莉书记、唐飞副院长、姚军副院长、孙智彬队长、郑建国主任，四川大学历史文化学院的宋治民、马继贤、林向、张勋燎、黄伟教授，以及成都文物考古研究所的江章华副所长、黄晓枫研究员等领导、专家多次或莅临现场指导发掘工作，或参与论证工作。5 月，四川省文物考古研究院、乐山市文化广电新闻出版局、五通桥区文化体育广电新闻出版局与山东高速集团四川乐宜高速公路有限公司等单位召开"乐山西坝窑址窑炉搬迁现场论证会"，与会专家一致认为已发掘的窑炉对于我国宋元时期陶瓷考古学具有极高的研究价值，经协商最终决定由四川省文物考古研究院对 Y1、Y2、Y5 等 3 座大型窑炉组织实施异地搬迁。8 月 15 日至 9 月 2 日，四川省文物考古研究院唐飞副院长、姚军副院长等人对以上 3 座大型窑炉成功实施异地搬迁。2008 ~ 2015 年，胡昌钰、曾令玲、任江及成都武侯祠博物馆的童思思对此次发掘的资料予以室内整理并最终完成报告的撰写工作①。

　　西坝窑清理发掘工作结束之后，社会各界尤其是民间文物收藏界对其关注度日渐高涨。2009 年由国家文物局主持编纂的《中国文物地图集·四川分册》将该窑址收入其中②，期间还出版了 1 部研究专著③、2 部瓷器鉴赏图录④，发表了 1 篇硕士学位论文⑤，以及 17 篇相关研究文章⑥，对我们的整理研究工作起到了相当大的借鉴推动作用。

---

①　文中所涉各类参考文献截止日期为 2016 年 12 月。

②　国家文物局编：《中国文物地图集·四川分册》，文物出版社，2009 年，第 251、537 页。

③　彭元江著：《图解——宋元时期乐山西坝窑》，乐山市决策咨询工作办公室，2011 年。

④　曹洪、王加瑜著：《西坝古窑瓷器鉴赏》，中国文化出版社，2010 年。李洪涛主编：《古蜀遗韵：乐山西坝窑精品图鉴》，中国文化出版社，2012 年。

⑤　童思思：《西坝窑与四川地区宋代黑釉瓷生产研究》，四川大学，硕士学位论文，2014 年。

⑥　曹洪：《尘封的辉煌——西坝窑古陶瓷新发现》，《收藏》2009 年第 4 期。张天琚：《西坝窑瓷器精品赏析》，《收藏界》2009 年第 10 期。王加瑜：《西坝窑白瓷考辨》，《收藏界》2009 年第 10 期。陈磊：《四川乐山西坝窑窑变黑釉初析》，《收藏界》2009 年第 10 期。王加瑜：《色彩绚丽的乐山西坝窑瓷茶盏》，《收藏界》2010 年第 4 期。张天琚：《西坝窑瓷器的鉴定、收藏和防伪》，《艺术市场》2010 年第 10 期。李铁锤：《赏南宋西坝窑玳瑁釉倒流壶：探倒流壶的演变》，《收藏快报》2010 年第 10 期。张天琚：《北宋吟茶诗与西坝窑"紫瓯""大汤氅"》，《东方收藏》2010 年第 8 期。李铁锤：《从西坝窑线条罐谈起——陶瓷线条纹装饰艺术源远流长》，《收藏参考》2010 年第 11 期。李铁锤：《争奇斗艳的乐山西坝窑窑变釉瓷》，《文物鉴定与鉴赏》2010 年第 10 期。晁佳：《浅谈西坝窑陶瓷的纹样视觉》，《文艺生活》2012 年第 7 期。晁佳、李猛：《宋代西坝窑陶瓷视觉纹样研究》，《兰台世界》2013 年第 36 期。王加瑜：《争奇斗艳、美妙绝伦——四川乐山西坝窑瓷器赏》，《收藏界》2014 年第 8 期。彭元江：《乐山西坝窑探秘》，《中共乐山市委党校学报》（新论）2014 年第 6 期。李银斌、胡宇新：《宋代西坝窑黑磁茶盏简析》，《艺术品鉴》2015 年第 10 期。张天琚：《西坝窑华丽记》，《读城》2015 年第 4 期。胡宇新、李银斌：《乐山西坝窑遗址的保护与探索》，《美术大观》2016 年第 7 期。

二 探沟与遗迹

2008 年发掘时，因穿越窑址的乐宜高速其路基已基本成型，路基四周遍布建设弃土与碎砾堆，我们可以布设探方的地方已经所剩不多。经反复踏查、钻探，我们最终自北而南依次在"铁五显"、"望儿坡"、"张家院子"等 3 个地点进行发掘，以上地点两两间距依次为 120、640 米（图二）。

铁五显位于庙沱村 3 组，大地坐标为北纬 29°21′53.7″、东经 103°47′37.7″。这里的小地形为西南—东北向的平缓坡地与多块小台地相间，北侧为一名为"鬼打湾"的陡峻冲沟，冲沟内有一称作"马达沱"的山涧东流而下由"刘家坪"注入沫溪河。因坡地上已有 2 座修建在一起的窑炉遭施工破坏，局部暴露在外，且上覆 1.8 米左右的建设弃土，西侧又有一条施工便道，不便布方，故直接予以清理，编号为 08SWXY1、08SWXY2。Y1、Y2 北距冲沟 18 米，海拔 379 米，高出沫溪河 40 米（图版二）。我们又于此 2 座窑炉的东南、西南方向各布设探沟 1 个，分别编号为 08SWXT1、08SWXT2。T1 位于坡地的高处，北距冲沟 50 米，距 Y1、Y2 为 24 米，海拔 380 米，高出沫溪河 41 米。T2 位于坡地西侧的一小块平缓台地上，北侧有一断坎，断坎下即为鬼打湾，北距冲沟 16 米，距 Y1、Y2 为 22 米，海拔 383 米，高出沫溪河 44 米。T1、T2 原为耕地，发掘之前已划归乐宜高速建设用地，地表长满杂草。这 2 个探沟内均清理出 1 座窑炉，T1 之内的窑炉顺次编号为 08SWXY3，T2 之内的窑炉编号为 08SWXY4，T2 之内还清理灰坑 4 个，编号为 08SWXH1 至 08SWXH4。因此我们于铁五显布设探沟 2 个，清理窑炉 4 座、灰坑 4 个，发掘面积共计 211 平方米。

望儿坡位于庙沱村 4 组，大地坐标为北纬 29°21′47.0″、东经 103°47′42.5″。这里的小地形为一块较为平缓坡地，南侧为一名为"大石梯"的陡峻冲沟，冲沟内的山涧东流而下注入沫溪河。因已有 1 座窑炉遭施工破坏，窑床右侧靠近烟囱的墙体局部暴露在外，火膛、窑床处在施工便道下，且上覆 2.2 米左右的建设弃土，编号为 08SWXY5。Y5 南距冲沟 40 米，海拔 392 米，高出沫溪河 53 米。因此我们于望儿坡清理窑炉 1 座，发掘面积共计 52 平方米。

张家院子位于建益村 1 组，大地坐标为北纬 29°21′24.1″、东经 103°48′11.9″。这里的小地形为一块较为平缓坡地，南侧为一陡峻冲沟，冲沟内的山涧东流而下注入沫溪河。该地点布设探沟 1 个，于探沟内清理窑炉 1 座，分别编号为 08SWXT3、08SWXY6，发掘面积共计 62 平方米。T3 南距冲沟 30 米，海拔 383 米，高出沫溪河 44 米。T3 原为耕地，发掘之前已划归乐宜高速建设用地，地表长满杂草。

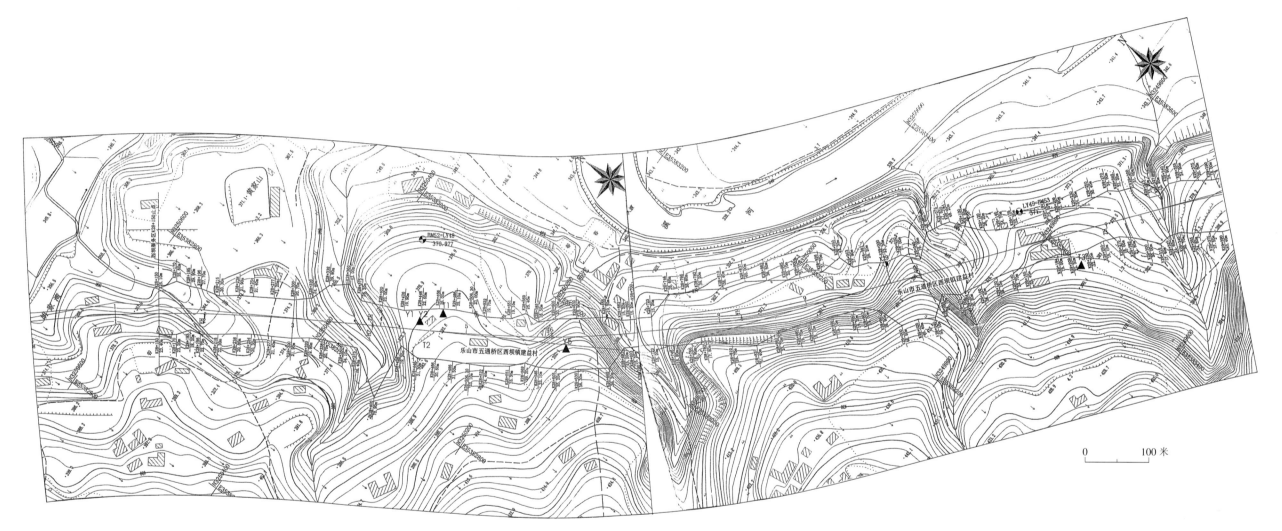

图二　发掘点位置图

以上 3 个地点共布设探沟 3 个，清理窑炉 6 座、灰坑 4 个，发掘面积共计 325 平方米，出土了一批较为重要的实物标本。下面我们将按单位逐一介绍。

（一） Y1、Y2

1. 地层堆积

清理之前，窑炉已遭施工严重破坏，上覆 1.8 米左右的建设弃土，窑体局部暴露在外。建设弃土起伏不平，为深褐色黏土，夹杂大量开挖山体产生的巨石、碎砾。清理中，将建设弃土移除后，窑炉随即完全出露，窑炉以上的地层堆积已在施工当中被挖去（图版三）。因此窑炉以上的地层堆积仅能依靠现存于窑炉左侧[①]、后侧断坎上的地层堆积来复原。

地层堆积单一，分为 5 层，诸地层均呈东高西低的坡状堆积，自上而下逐层介绍。

第①层：耕土层，深灰褐色粉砂质黏土。土质较疏松，夹杂较多植物根系。包含物为现代废弃物。现代堆积层。厚 0.8 ~ 1 米。

第②层：红烧土层。土质疏松。包含物分布杂乱无序，主要为少量瓷片。宋元时代窑业废弃堆积层。厚 0.3 ~ 0.4 米。

第③层：深灰褐色粉砂质黏土。土质疏松。包含物分布杂乱无序，主要为少量瓷片。宋元时代窑业废弃堆积层。厚 0.15 ~ 0.45 米。

第④层：红烧土层。土质疏松。包含物分布杂乱无序，主要为少量瓷片。宋元时代窑业废弃堆积层。厚 0.3 ~ 0.5 米。遗迹 Y1、Y2 开口于本层下，打破第⑤层与生土。

第⑤层：红烧土层。土质疏松，夹杂炉渣、炭灰。包含物分布杂乱无序，主要为少量瓷片。宋代窑业废弃堆积层。厚 1 ~ 2.1 米。本层以下为生土。

生土：淡黄色粉砂质黏土。土质干燥，致密，夹杂较多黄色、灰色卵石与红色砂岩碎砾。

2. 窑炉

窑炉为 2 座馒头窑炉，编号为 08SWXY1、08SWXY2。开口于第④层下，打破第⑤层与生土。Y1、Y2 二者关系为 Y1 打破 Y2。即 Y2 废弃后，Y1 又利用 Y2 的部分窑体，门道、火膛、窑床、烟囱等部分整体前移构筑。二窑炉内堆积基本为红烧土与窑体塌毁于此的块石、条石、窑砖，以及炉渣、炭灰，包含物分布杂乱无序，为较多瓷片、窑具残片（图版四、五）。Y1、Y2 朝向鬼打

---

① 文中凡涉及前后、左右、内外，均为观察者面向被观察物视角。

湾，方向323°，通长13.6、宽8、高4.48米①，面积约108.5平方米（图三、四、五；图版六、七、八、九）。

Y2构筑方式为挖建于地层与生土层之中。工序为：先依自然坡势垂直向下于地层与生土当中挖出一个与窑炉大小、形状相若的基槽，随后于基槽内构筑窑体。烟囱前的排水暗道做法比较独特，需作说明：暗道系直接砌筑于基槽底部，随后用泥土回填至暗道盖板以上再构筑火膛、窑床等部分（图六）。

Y2废弃之后，Y1构筑时利用Y2的部分窑体，因门道、火膛、窑床、烟囱等部分整体前移又有所增建、新建。Y1门道、护墙、火膛等部分属于新建部分。Y1窑床、烟囱两部分则较多利用Y2原有结构，构筑时先将Y2窑床两侧墙体增长增高，再于Y2窑体内空间用夹杂碎砾的泥土回填至一定深度，依次构筑Y1窑床床面与烟囱底部，最后构筑挡火墙、烟囱。Y1门道、护墙最外端有一道自然断坎。断坎下原始地貌已在施工当中遭到彻底破坏，原应有小块平地，便于生产作业。

Y1该窑炉保存状况较好，顶部已完全损毁，除火膛、窑床的左侧于施工当中被挖掘机挖去一小部分，窑体下半部基本完好。为一大型马蹄形半倒焰型馒头窑炉，属间歇式窑。长12.8、宽8、高3.92米②。

该窑炉由窑体和护墙二部分组成。

窑体：自外而内由门道、窑门、火膛、窑床、挡火墙、烟囱等部分组成。门道外侧使用大小不一略加修整的黄色或灰色细砂岩块石较为随意地砌筑，靠近窑门处则使用加工过的灰色细砂岩条石规整地自下而上叠筑。火膛、窑床两侧墙体为内外双层，内层使用规格不一的窑砖错缝砌筑，厚0.24~0.32米，外层使用大小不一略加修整的黄色或灰色细砂岩块石错缝砌筑，厚0.4~0.52米，墙体总厚0.64~0.84米。火膛内层砖墙之下又叠筑2层略加修整的细砂岩块石作为墙基，高0.68、厚0.3~0.42米。窑床立面正中叠筑2层略加修整的细砂岩块石作为墙基，其他部位则使用窑砖错缝砌筑，墙基宽3.12、高0.76、厚0.76米。火膛、窑床两侧砖墙的内壁及窑床立面平抹一层耐火泥。耐火泥呈红色，是已经烧结内含稻秸空腔的草拌泥，厚约2厘米。窑床床面与烟囱底部相连为一整体，使用石质碎砾错缝平砌，经长期高温烘烤已成粉砂状，局部还有烧结现象，厚0.08~0.2米。挡火墙、烟囱使用单层窑砖砌筑。烟囱隔墙使用较为规整方正的细砂岩块石叠筑。窑体各部分所用窑砖共计4种，楔形砖、方砖各有2种，楔形砖尺寸分别为：0.33×0.2~0.22×0.11米、0.31×0.15~0.18×0.05米，方砖尺寸分别为：0.3×0.3×0.07米、0.28×0.28×0.065米。楔形砖用量最大，尤其是尺寸较大者。方砖用量极少。火膛、窑床

---

① 文中所涉长、宽、高均以窑炉的整体方向为准。各部位尺寸无固定取值位置，以窑炉（含墙体）现存最大数值为准。
② 实际使用当中，Y2烟囱以及它与Y1烟囱之间填充的泥土能够起到Y1烟囱护墙的作用，文中为明确Y1的尺寸，将上述部分不计入Y1尺寸。

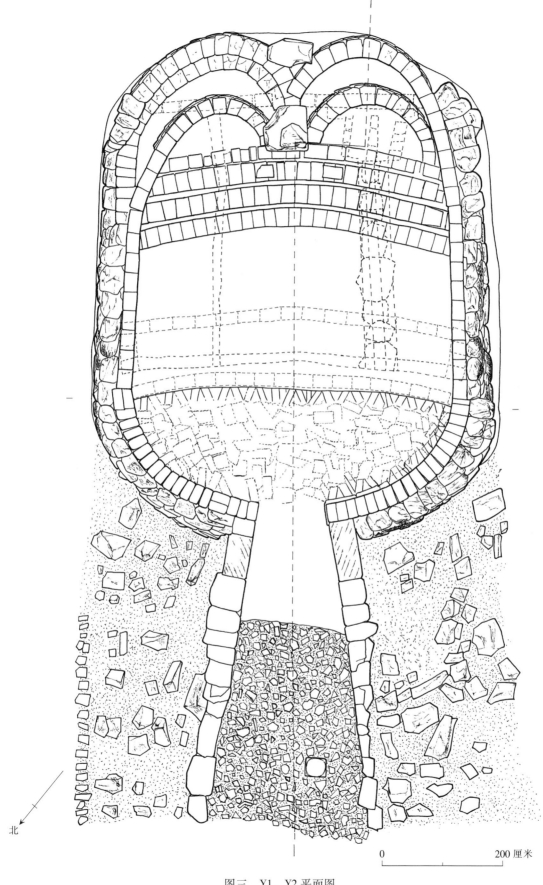

北

0 　　　　　　　 200 厘米

图三　Y1、Y2 平面图

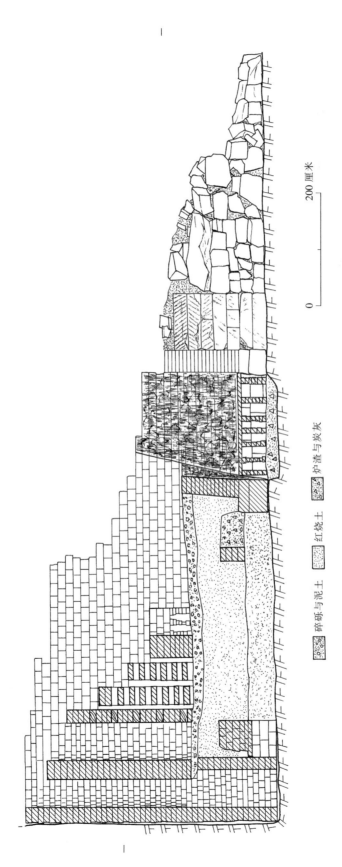

碎砾与泥土　　红烧土

炉渣与炭灰

图四　Y1、Y2 纵剖图

0　　　　　200 厘米

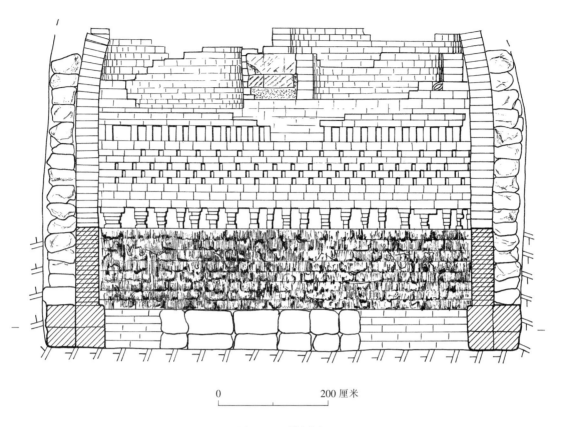

0   200 厘米

图五　Y1 横剖图

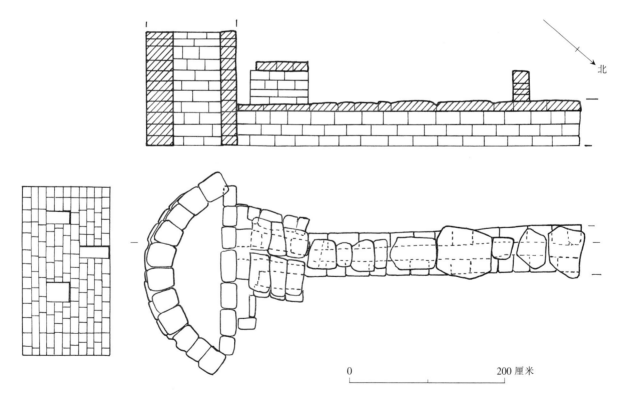

北

0   200 厘米

图六　Y2 右侧风道、排水暗道平剖图

两侧砖墙、烟囱上下层窑砖之间使用草拌泥作为黏合剂，草拌泥层厚 1 厘米。挡火墙仅依靠重力砌筑，未使用草拌泥作为黏合剂。窑床、烟囱墙体所邻地层、生土层经长期高温烘烤已成红烧土，厚 0.25 米。

门道，平面呈梯形，直壁，平底。底部经窑工长期作业活动形成一层踩踏面。踩踏面横剖面呈中间高两侧低的拱形，黑灰色，坚硬质密，层理分明，夹杂炭灰、红烧土颗粒，厚 1~3 厘米。踩踏面靠近出口的部分其上叠压一层小青瓦破碎后形成的瓦砾层，呈外高内低的坡状堆积，厚 3~5 厘米。瓦砾层右下角处内置一黄色方扁块石柱础，长 0.32、宽 0.36、高 0.15 米。推测此瓦砾层、柱础为门道上搭建用于遮蔽风雨工棚的遗迹，柱础为支撑棚立柱而置，瓦砾层为棚顶塌毁的遗物。此外，自火膛内倾泻而出的一层炉渣、炭灰又叠压于踩踏面、瓦砾层之上，呈内高外低的坡状堆积，厚 0~0.4 米。门道长 5.28、宽 2.08~3.36、高 0.36~1.84 米（图版一〇、一一、一二、一三）。

窑门，介于门道与火膛之间，立面呈上小下大的梯形。同时火膛紧靠门道两墙体的顶部渐趋收拢，推测窑门顶部为圆拱形。宽 1.20~1.28、现高 1.8 米。

火膛，平面呈半月形，斜壁略向内收，底部略低于墙基，比较平坦。火膛底部残存一层炉渣与炭灰，呈水平状堆积，厚 0.2 米。该层炉渣、炭灰之上即为炉箅。炉箅保存状况较好，均利用残损窑砖搭建而成。箅柱共计 90 个，横纵排列整齐，横向共 7 行，每行箅柱数量不均等，各行箅柱数量自外而内依次为 5、9、13、14、15、17、17 个。每一箅柱用 6 至 7 块窑砖叠砌而成，高 0.4 米。相邻箅柱顶部或竖或斜搭放窑砖，有些靠近块石墙基的窑砖一端搭放于墙基之上，这些窑砖之间留有空隙。箅柱顶部作为支撑燃料的支撑面，窑砖之间的空隙即为用于落灰的箅眼，箅柱之间的空间用于容灰。炉箅以上还残存一层炉渣与炭灰，呈内高外低的坡状堆积，一直延伸至门道内，疑为窑炉废弃前最后一次烧造作业的遗留物，厚 0.4~0.6 米。此外炉箅以上的墙体其耐火泥层表面还附着有一层茶叶末色的琉璃质窑汗，厚 2~4 厘米。火膛长 2.2~2.56、宽 6.96、底部低于窑床床面 1.72 米，两侧墙体现高 2.36 米（图版一四）。

窑床，平面近似扇形。床面靠近火膛部分外高内低，后倾 5°，内外高差 0.16 米，靠近烟囱部分平坦。床面下叠压窑床内填充物与 Y2 窑体。填充物为夹杂石质碎砾的泥土，经长期高温烘烤已成红烧土，厚 0.24~0.84 米。窑床立面墙体其耐火泥层表面附着有一层窑汗，厚 4 厘米。窑床长 4.16、宽 6.48~6.88、两侧墙体现高 3.12 米①。

挡火墙，砌于窑床之上，自外而内共 3 道，高低相错，两两间距均为 8 厘米。平面均呈向内弧入的弧形。底层以残损窑砖叠砌砖柱，砖柱间留出方孔作为吸火孔。砖柱之上又砌多层砖，砌法多样，共计 5 式：A 式，丁砖②、顺砖相间平砌，因砌于下层砖柱之上，丁砖多砌于砖柱之上，

---

① 墙体高度以窑床床面底部为准。该层下墙体可能属于 Y2 旧物，故不计入 Y1 墙体高度。

② 本报告将楔形砖或条砖面积最大的两面称作大面，大面的两长侧面称作顺面，两短侧面称作丁面。以观察者面向墙面，楔形砖或条砖的大面相对于墙体水平放置称作平砌；大面垂直放置称作竖砌；顺面露明称作顺砖；丁面露明称作丁砖。

顺砖多砌于砖柱之间；B式，丁砖错缝平砌，同层相邻丁砖宽窄二丁面一前一后互置，如左侧丁砖宽丁面在前，则右侧丁砖窄丁面在前，反之亦然；C式，顺砖平砌，因砌于下层砖柱之上，根据需要打砍砖以便砌筑；D式，丁砖相间错缝平砌，同层相邻两砖之间留出孔隙，形成密集有序的吸火小孔；E式，丁砖相间竖砌，每一砖宽丁面在前、窄丁面在后，相邻两砖之间留出空隙，形成吸火孔。第1道挡火墙，底层有20个砖柱、19个吸火孔，砖柱宽0.1~0.2、高0.36米，吸火孔宽0.1~0.22、高0.36、进深0.33米；砖柱以上共有3层砖，自下而上各层砌法为：第1层A式+第2、3层B式。该道挡火墙宽5.42、高0.76、厚0.33米（图七）。第2道挡火墙底层有15个砖柱、14个吸火孔，砖柱宽0.1~0.2、高0.54米，吸火孔宽0.12~0.3、高0.54、进深0.33米。砖柱以上共有6层砖，各层砌法为：第1层C式+第2~5层D式+第6层B式。第2~5层每层各有20个小吸火孔，宽0.04、高0.1、进深0.33米。该道挡火墙宽5.28、高1.16、厚0.33米（图八）。第3道挡火墙底层有15个砖柱、15个吸火孔，砖柱宽0.1~0.2、高0.56

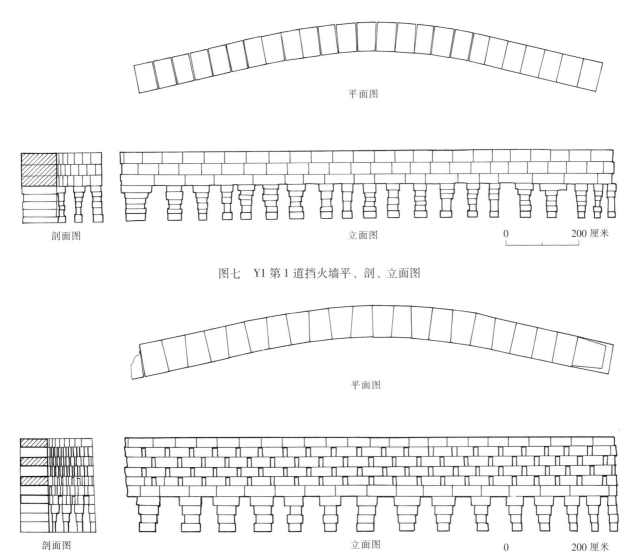

平面图

剖面图　　　　　　　　　　　　立面图　　　　　　　0　　　　200厘米

图七　Y1第1道挡火墙平、剖、立面图

平面图

剖面图　　　　　　　　　　　　立面图　　　　　　　0　　　　200厘米

图八　Y1第2道挡火墙平、剖、立面图

米，吸火孔宽0.04、高0.1、进深0.3米。砖柱以上共有11层砖，各层砌法为：第1层C式+第2~7层D式+第8、11层B式+第9层E式+第10层A式。第2、4、6层每层各有17个小吸火孔，第3、5、7层每层各有18个小吸火孔，宽0.04、高0.1、进深0.33米。第9层局部残损，现存17个吸火孔，宽0.1~0.16、高0.22、进深0.33米。该道挡火墙宽5.02、高1.66、厚0.33米（图九；图版一五、一六）。

烟囱，2个，左右侧各1个，平面均呈不规则半月形。二烟囱共用一道块石隔墙。前壁相连，平面呈略向内弧入的弧形。烟囱前壁底层砌法与挡火墙相同，只是在挡墙前侧的位置以顺砖逐层错缝平砌，不留出方孔，因此左右两侧各有4个砖柱、5个吸火孔，砖柱宽0.2、高0.44米，吸火孔宽0.1~0.4、高0.44、进深0.22米。砖柱以上现存15层砖，第1~2、4~6、8~10、12~14层采用挡火墙C式砌法砌筑；第3、7、11、15层使用残损条形窑砖采用挡火墙D式砌法砌筑，只是在挡墙前侧的位置丁砖平砌，不留出孔隙。第15层因残损过甚，仅存1个吸火孔，其他层左右两侧各有6个吸火孔。第7、11、15层吸火孔内置条状匣钵残件，多两片上下扣合，也有3、4片叠置。吸火孔宽0.12~0.18、高0.1、进深0.22米。前壁长0.22、宽4.7、高2.2米（图一〇）。二烟囱后壁使用残损条形窑砖错缝砌筑。左侧烟囱长1.16、宽2、现高2.55米。右侧烟囱长1.36、宽2.2、现高2.6米。

护墙：位于火膛、门道墙体的外侧，平面近似梯形，呈内高外低的坡状。使用大小不一的黄色或灰色细砂岩块石、泥土杂乱无序地填充。护墙内用作填充物的泥土经长期高温烘烤已成红烧土。护墙作用是保温和加固窑体。两侧护墙长6.16、宽1.8~2.48、高0.4~1.88米。

Y2位于Y1下后方，原应为一大型马蹄形半倒焰型馒头窑炉。现长5.56、宽6.76、高4.48米。

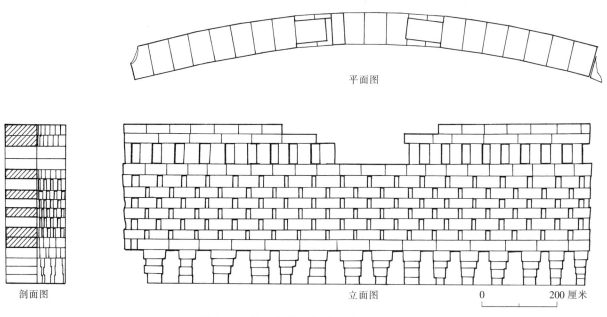

平面图

剖面图

立面图

0   200厘米

图九　Y1第3道挡火墙平、剖、立面图

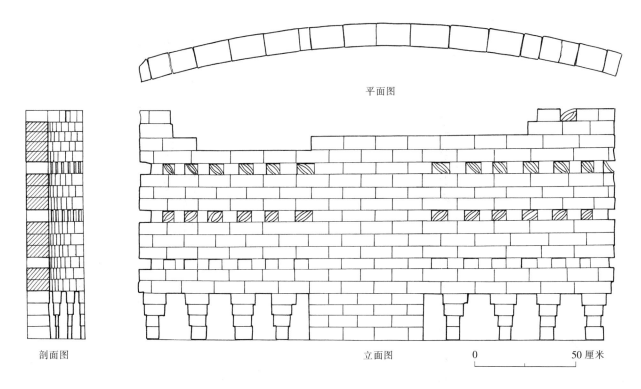

平面图

剖面图   立面图   0   50 厘米

图一〇 Y1 烟囱前壁平、剖、立面图

　　窑体现存火膛、窑床、火道、烟囱、排水暗道等部分①。火道侧壁、烟囱、排水暗道侧壁均使用残损窑砖砌筑。

　　火膛，仅存紧靠窑床底部的一小部分。平面呈扇形，直壁，平底。膛内填满炉渣与炭灰，呈水平状堆积，厚 0.2 米。现长 0.72、宽 6.76、高 0.4 ~ 0.44 米。

　　窑床，现存立面墙体的最底部与两侧墙体，其他部分具体构筑情况不详。平面应近似扇形。现长 3.6 ~ 3.8 米、宽 6.2 ~ 6.76、立面墙体现高 0.44 米。

　　火道，位于烟囱之前，与窑床残存的立面墙体处于同一层位。构筑方式为：先用窑砖纵向错缝砌筑 3 道矮墙体，中间墙体与两侧墙体留出空隙，最后于墙体之上横向叠置黄色细砂岩片石作为盖板。左侧墙体折尺形，与烟囱前壁相连，中间、右侧墙体直线形，与烟囱前壁留有空隙。盖板共 3 行，每行 2 块片石。现长 0.88 米、宽 0.6 ~ 1.52、高 0.52 米（图版一七）。

　　烟囱，2 个，左右侧各 1 个，平面均呈不规则半月形。二烟囱共用一道块石隔墙。前壁相连，平面呈直线形，左右两侧自上而下各留有 2 个吸火孔、1 个出水口。吸火孔宽 0.2 ~ 0.24、高 0.28、进深 0.2 米。出水口宽 0.2、高 0.4、进深 0.2 米。左侧烟囱的后壁以双层窑砖砌筑。左侧烟囱长 1.24、宽 3、现高 4.48 米。右侧烟囱长 1.2、宽 2.6、现高 4.48 米。

　　排水暗道，位于烟囱之前，火膛、窑床、火道之下。构筑方式为：先用窑砖纵向错缝平砌 2

---

　　① 发掘当中仅对窑体右侧做了较为详尽的解剖，发现火道、排水暗道等部分，推测窑体左侧也存在类似结构。下文均以窑体右侧为例介绍。

侧壁，中间留出空隙，最后于侧壁之上叠置黄色细砂岩片石作为盖板。进口与烟囱前壁出水口相接。推测暗道由火膛一直延伸至门道，可将烟囱内积水直接排出窑体。现长4.4、宽0.6~0.64、深0.56米（图版一八、一九）。

（二）T1

探沟随地势布设，方向35°，长方形，南北长8.5、东西宽5米，总面积42.5平方米。探沟南侧地层堆积于建设挖方时被破坏，并回填有黄色建设弃土。

1. 地层堆积

地层堆积单一，分为3层，现以西壁为例自上而下逐层介绍（图一一）：

第①层：耕土层，深灰褐色粉砂质黏土。土质较为坚硬，夹杂较多植物根系。包含物为现代废弃物。呈坡状堆积。分布于探沟东北侧、西侧。现代堆积层。距地表深0.05~0.15、厚0.05~0.15米。

第②层：浅灰褐色粉砂质黏土。土质疏松。包含物分布杂乱无序，主要为少量瓷片、窑具残片。略呈坡状堆积。分布于探沟东北侧、西侧。元代窑业废弃堆积层。距地表深0.3~0.45、厚0.2~0.25米。遗迹Y3开口于本层下，打破第③层与生土。

第③层：浅褐色粉砂质黏土。土质疏松。包含物分布杂乱无序，主要为少量瓷片。略呈坡状堆积。分布于探沟东北侧、西侧。宋代窑业废弃堆积层。距地表深0.2~0.5、厚0~0.25米。本层以下为生土。

生土：淡黄色粉砂质黏土。土质干燥，致密，纯净。

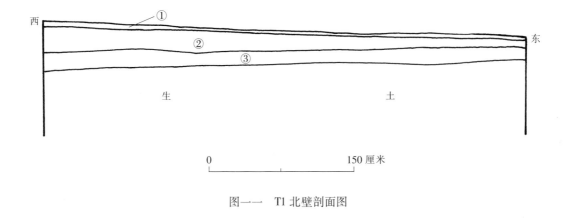

图一一　T1北壁剖面图

2. 窑炉

遗迹为 1 座馒头窑炉，编号为 08SWXY3。位于 T1 正中（图一二）。开口于第②层下，打破第③层与生土。窑炉内堆积基本为窑体塌毁于此的块石与碎砾。

该窑炉保存状况不佳，仅存门道、窑门、火膛以及窑床的一小部分，窑床其他部分及烟囱遭施工破坏。为一小型半倒焰型馒头窑炉，属间歇式窑。窑门朝向沫溪河，方向 305°。现长 3.95、宽 4.45、高 1.05 米（图一三；图版二○、二一、二二、二三）。

该窑炉构筑方式为挖建于地层与生土层之中。工序为：先依自然坡势垂直向下于地层与生土当中挖出与窑炉大小、形状相若的基槽，随后于基槽内构筑窑体。门道之外原应有小块平地，便于生产作业。

窑体：自外而内由门道、窑门、火膛、窑床等部分组成，主要使用大小不一略加修整的黄色细砂岩块石错缝砌筑，厚 0.2~0.25 米。窑床立面使用大小不一略加修整的黄色细砂岩块石错缝砌筑，不及窑墙规整，显得较为凌乱，厚 0.2 米。

门道，平面呈梯形，外高内低的坡道，坡度较陡，达到 20° 至 39°。长 1.45、宽 0.8~1.4、高 0~0.85 米。

窑门，介于门道与火膛之间，顶部无存，立面呈上大下小的倒梯形。宽 0.8~0.85、高 0.85 米。

火膛，平面呈半圆形，斜壁略向内收，底部平坦略向窑床方向后倾。底部残存一层炉渣与炭灰，厚 0.15~0.2 米。墙体内壁局部残存一层茶叶末色的琉璃质窑汗，厚 2~3 厘米。长 1.45~1.6、宽 4.25、底部低于窑床床面 0.8 米，两侧墙体现高 1 米。

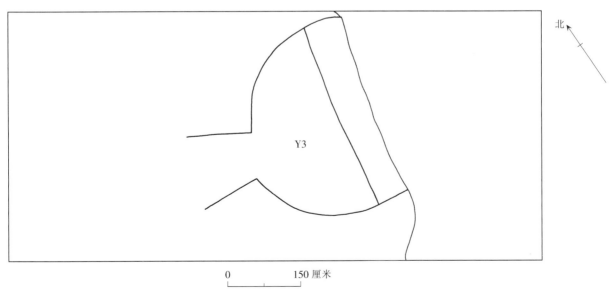

北

0   150 厘米

图一二 Y3 探沟内位置图

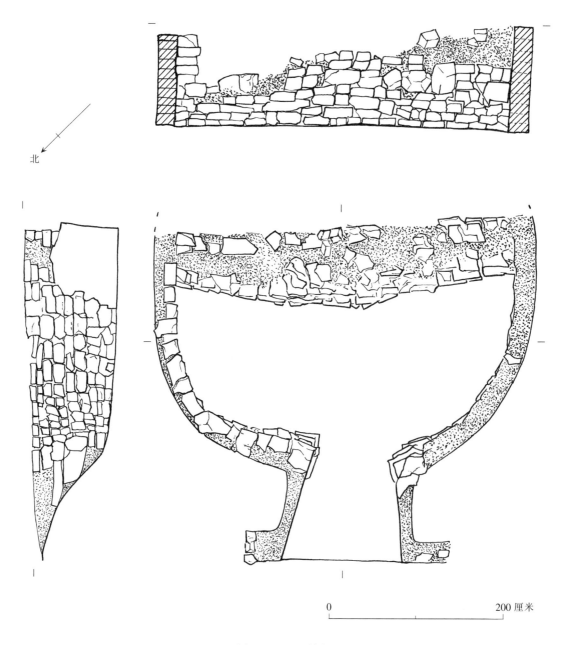

图一三 Y3 平剖图

　　窑床，平面近似长方形。从现存迹象分析，床面外高内低。现长 0.6~0.85、宽 4.45、两侧墙体高 0.3 米。

（三）T2

　　正方向，长方形，南北长 6、东西宽 10 米，总面积 60 平方米。

1. 地层堆积

地层堆积较为复杂，分为7层，现以北壁为例自上而下逐层介绍（图一四）：

第①层：耕土层，深灰褐色粉砂质黏土。经施工机械碾压，土质较坚硬，夹杂较多植物根系。包含物为现代废弃物。大体呈水平状堆积。分布于整个探沟。现代堆积层。距地表深0.05～0.3、厚0.05～0.3米。

第②层：深黄褐色粉砂质黏土。土质疏松，夹杂大量瓦砾、碎砾。包含物分布杂乱无序，主要为少量的青花瓷片。呈水平状堆积。分布于整个探沟。清代堆积层。距地表深0.3～0.75、厚0.05～0.5米。

第③层：深褐色粉砂质黏土。土质疏松，夹杂少量瓦砾。包含物分布杂乱无序，主要为少量瓷片。大体呈水平状堆积。分布于整个探沟。元代窑业废弃堆积层。距地表深0.45～1、厚0.05～0.5米。遗迹H1部分坑口开口于本层下，打破第⑤、⑥层。遗迹H2又开口于H1下，打破第⑥、⑦层与生土。

第④层：浅黄褐色粉砂质黏土。土质疏松，夹杂较多红烧土。包含物分布杂乱无序，主要为少量瓷片。呈西南高东北低的坡状堆积。除探沟中部略有缺失，分布于整个探沟。元代窑业废弃堆积层。距地表深0.55～1.4、厚0～0.7米。遗迹H1部分坑口开口于本层下，打破第⑤、⑥层。遗迹H3开口于本层下，打破第⑤、⑥、⑦层。

第⑤层：浅黄褐色粉砂质黏土。土质疏松。包含物仅见极少量瓷片。呈探沟西南角最高周边低的坡状堆积。分布于探沟西南侧。宋代窑业废弃堆积层。距地表深1.05～1.95、厚0～0.65米。

第⑥层：深褐色粉砂质黏土。土质疏松，夹杂红烧土、炉渣与炭灰。包含物分布杂乱无序，主要为少量瓷片。大体呈水平状堆积。除探沟西北角，分布于整个探沟。宋代窑业废弃堆积层。距地表深1～2.6、厚0.1～0.95米。遗迹H4开口于本层下，打破第⑦层。遗迹Y4开口于本层

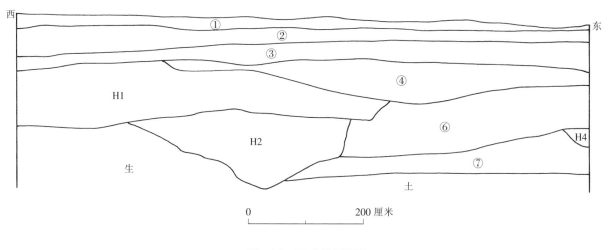

图一四　T2北壁剖面图

下，打破第⑦层与生土。

第⑦层：浅褐红色粉砂质黏土。土质疏松，夹杂红烧土、炉渣与炭灰。包含物分布杂乱无序，主要为少量瓷片。呈水平状堆积。除探沟西北角，分布于整个探沟。宋代窑业废弃堆积层。距地表深1.9~2.6、厚0~0.75米。本层以下为生土。

生土：淡黄色粉砂质黏土。土质干燥，致密，纯净。

2. 遗迹

遗迹为4个灰坑及1座窑炉。

灰坑依次编号为08SWXH1至08SWXH4，仅清理探沟内揭露部分，未扩方作完全清理。

H1位于T2西北侧。开口于第③、④层下，打破第⑤、⑥层。平面应呈不规则圆形，斜直壁，平底。坑内堆积为红烧土、炉渣与炭灰，土质极疏松，包含物分布杂乱无序，为大量残损瓷器、窑具。现长3.75、宽6.5、深0.35~1米。

H2位于T2北侧正中。开口于H1下，打破第⑥、⑦层与生土。平面应呈不规则圆形，坑壁不甚规整，尖圜底。坑内堆积为红烧土、炉渣与炭灰，土质极疏松，包含物分布杂乱无序，为大量残损瓷器、窑具。现长1.05、宽4、深1.25米。

H3位于T2东侧。开口于第④层下，打破第⑤、⑥、⑦层。平面应呈不规则圆形，坑壁不甚规整，平底。坑内堆积为红烧土、炉渣与炭灰，土质极疏松，包含物分布杂乱无序，为残损瓷器、窑具。现长2.05、宽0.65、深1.55米。

H4位于T2东北角。开口于第⑥下，打破第⑦层。平面应呈不规则圆形，斜弧壁，斜直底。坑内堆积为红烧土、炉渣与炭灰，土质极疏松，包含物分布杂乱无序，为残损瓷器、窑具。现长2.4、宽0.4、深0.55米。

窑炉为馒头窑炉，编号为08SWXY4。位于T2东侧（图一五）。开口于第⑥层下，打破第⑦层与生土。窑炉内堆积基本为大量的红烧土及少量的炉渣、炭灰。

该窑炉保存状况较好，顶部已完全损毁，窑体下半部护墙、门道、窑门、火腔、窑床等部分的左半侧损毁，其他部分则基本完好。为一小型椭圆形半倒焰型馒头窑炉，属间歇式窑。窑门朝向鬼打湾，方向330°。长5.4、宽3.4、高3米（图一六；图版二四、二五、二六、二七）。

该窑炉由窑体和护墙二部分组成。构筑方式为挖建于地层与生土层之中。工序为：先依自然坡势垂直向下于地层与生土当中挖出与窑炉大小、形状相若的基槽，随后于基槽内构筑窑体，最后于门道、火腔左右两侧构筑护墙。门道、护墙之外原应有小块平地，便于生产作业。

窑体：自外而内由门道、窑门、火腔、窑床、烟囱等部分组成，使用大小不一略加修整的红色细砂岩块石错缝砌筑，厚0.2~0.25米。火腔、窑床墙体的内壁以及烟囱前壁的外立面平抹一层耐火泥。耐火泥呈红色，是已经烧结内含稻秸空腔的草拌泥，厚约1~2厘米。窑床、烟囱墙体外壁所邻生土经长期高温烘烤已成红烧土，厚0.1~0.2米。窑床立面使用大小不一略加修整

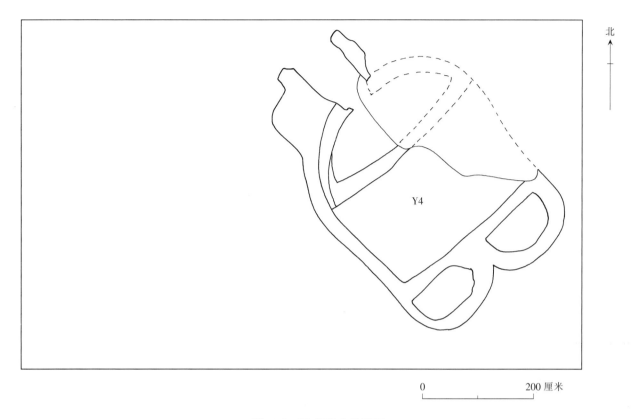

0   200 厘米

图一五　Y4 探沟内位置图

的红色细砂岩块石错缝砌筑，厚 0.15 ~ 0.2 米。窑床床面与烟囱底部相连为一整体，使用石质碎砾错缝平砌，多数碎砾经长期高温烘烤已成粉末状。

门道，平面呈梯形，外低内高的坡道，坡度较缓，大致为 7°。现长 1.1、宽 1.1 ~ 1.5、高 0.8 ~ 1.3 米。

窑门，介于门道与火膛之间，顶部无存，立面呈上大下小的倒梯形。现宽 0.65 ~ 0.7、高 1.3 米。

火膛，平面应呈半月形，斜壁内收，斜底向窑床方向后倾。火膛底部残存一层炉渣与炭灰，厚 0.3 米。该层以上的墙体其耐火泥层表面还附着有一层茶叶末色的琉璃质窑汗，厚 1 ~ 2 厘米。该层炉渣、炭灰之上即为炉箅。右侧炉箅尚存，利用废弃匣钵横向、纵向相间隔布设箅柱。现存 7 个箅柱。每一箅柱共用覆扣的 4 个漏斗形匣钵搭建而成，高 0.3 米。相邻箅柱顶部搭放石质碎砾，碎砾之间留有空隙。箅柱顶部与碎砾作为支撑燃料的支撑面，碎砾之间的空隙即为用于落灰的箅眼，箅柱之间的空间用于容灰。火膛现长 1.3、宽 1.8、底部低于窑床床面 1.3 米，两侧墙体现高 1.9 米。

窑床，平面近似梯形。床面较平坦，厚 0.2 ~ 0.25 米。床面下垫一层夹杂碎砾的泥土作为填充物，泥土经长期高温烘烤已成红烧土，厚 0.45 米。窑床现长 1.8 ~ 1.85、宽 2 ~ 3.1、两侧墙体现高 1.35 米。

烟囱，2 个，左右侧各 1 个，左侧平面呈半月形，右侧平面呈不规则圆形。两烟囱前、后壁相连，共用一道隔墙。每一烟囱前壁底部现存 3 个吸火孔。吸火孔形状均不甚规整，略近长方

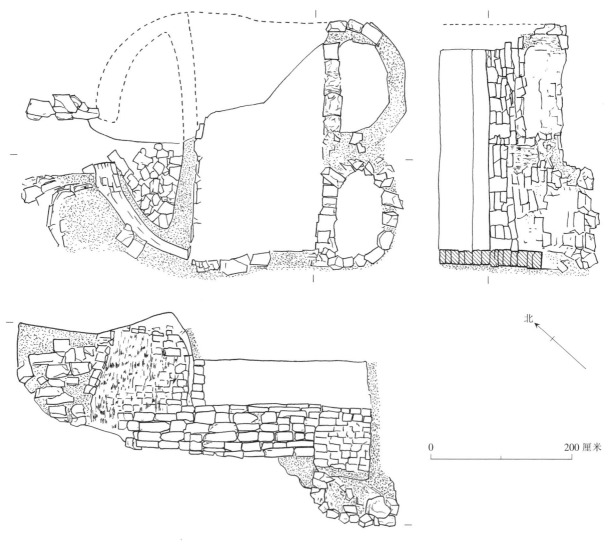

图一六　Y4 平剖图

形，宽 0.2～0.25、高 0.15～0.3、进深 0.2 米。左侧烟囱直径 1.1～1.8、现高 1 米。右侧烟囱直径 1.15～1.6、现高 1.5 米。

护墙：位于火膛、门道墙体的外侧。仅存右侧护墙，其平面近似平行四边形，呈内高外低的坡状。使用大小不一的块石、泥土填充，用作填充物的泥土经长期高温烘烤已成红烧土。护墙作用是保温和加固窑体。右侧护墙长 1.3、宽 0.8、高 0.8～1.3 米。

（四）Y5

1. 地层堆积

清理之前，窑炉已遭施工严重破坏，窑床右侧靠近烟囱的墙体局部暴露在外，火膛、窑床处在施工便道下，上覆 2.2 米左右的建设弃土。建设弃土呈南高北低的坡状堆积，为深褐色黏土，夹杂大量开挖山体产生的巨石、碎砾（图版二八）。

清理中，将建设弃土移除后，窑床右侧墙体随即出露，该部分的地层堆积已在施工当中被挖去。叠压在窑床左侧、火膛及门道之上的地层堆积仅一层，为耕土层。该层为深灰褐色粉砂质黏土，土质较疏松，夹杂较多植物根系，包含物为现代废弃物，呈南高北低的坡状堆积，现代堆积层，厚 0~0.38 米。

叠压在窑床靠近烟囱的部分与烟囱以上的地层堆积单一，分为 2 层，自上而下逐层介绍：

第①层：耕土层，深灰褐色粉砂质黏土。土质较疏松，夹杂较多植物根系。包含物为现代废弃物。现代堆积层。厚 0.35 米。

第②层：黄褐色粉砂质黏土层。土质疏松，夹杂炉渣、红烧土颗粒。包含物分布杂乱无序，主要为少量青花瓷片、瓦砾。明代堆积层。厚 0.75 米。本层以下为基岩。

基岩：淡黄色细砂岩，风化严重。

2. 窑炉

窑炉为 1 座馒头窑炉，编号为 08SWXY5。开口于耕土层或明代堆积层下，打破基岩。窑炉内堆积基本为红烧土与窑体塌毁于此的块石、窑砖、草拌泥块，以及炉渣、炭灰，包含物分布杂乱无序，为较多瓷片、窑具残片。

Y5 该窑炉保存状况较好，顶部已完全损毁，窑体下半部基本完好。为一大型马蹄形半倒焰型馒头窑炉，属间歇式窑。窑门朝向大石梯，方向 34°，通长 9.4、宽 6.8、高 5.92 米，面积约 52 平方米（图一七、一八、一九；图版二九、三〇、三一、三二）。

该窑炉由窑体和护墙两部分组成。构筑方式为：利用上下两级台地，挖建于基岩之中。工序为：分别于上一级台地的立面垂直向内、于下一级台地的水平面垂直向下挖出与窑炉大小、形状相若的基槽，随后于基槽内构筑窑体的各部分，门道、护墙、火膛以及窑床靠外的大部分构筑于下一级台地的基槽内，窑床靠近烟囱的部分与烟囱构筑于上一级台地的基槽内。门道、护墙之外为高达 8 米的自然断坎。

窑体：自外而内由门道、窑门、火膛、窑床、挡火墙、烟囱等部分组成。门道外侧使用黄色或灰色细砂岩块石较为随意地砌筑，顶部再覆盖一层夹杂匣钵残件、碎砾的泥土，靠近窑门处则使用加工过的灰色细砂岩条石、块石规整地自下而上叠筑。火膛、窑床、烟囱两侧墙体使用规格不一的条砖错缝砌筑，厚 0.24~0.32 米。局部为内外双层，内层使用条砖错缝砌筑，外层使用大小不一略加修整的黄色或灰色细砂岩块石错缝砌筑，厚 0.4、墙体总厚 0.64~0.74 米。火膛内层砖墙之下又砌一层略加修整的细砂岩块石作为墙基，高 0.32~0.4、厚 0.3~0.42 米。窑床立面也砌一层略加修整的细砂岩块石作为墙基，宽 5.56、高 0.4、厚 0.52 米。火膛、窑床两侧砖墙的内壁及窑床立面平抹一层耐火泥。耐火泥呈红色，是已经烧结内含稻秸空腔的草拌泥，厚 1~

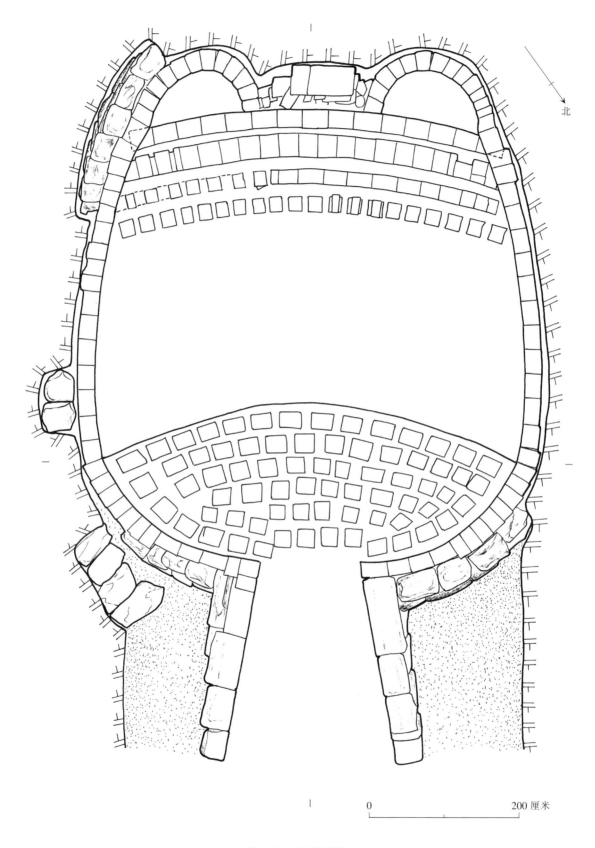

北

0   200 厘米

图一七　Y5 平面图

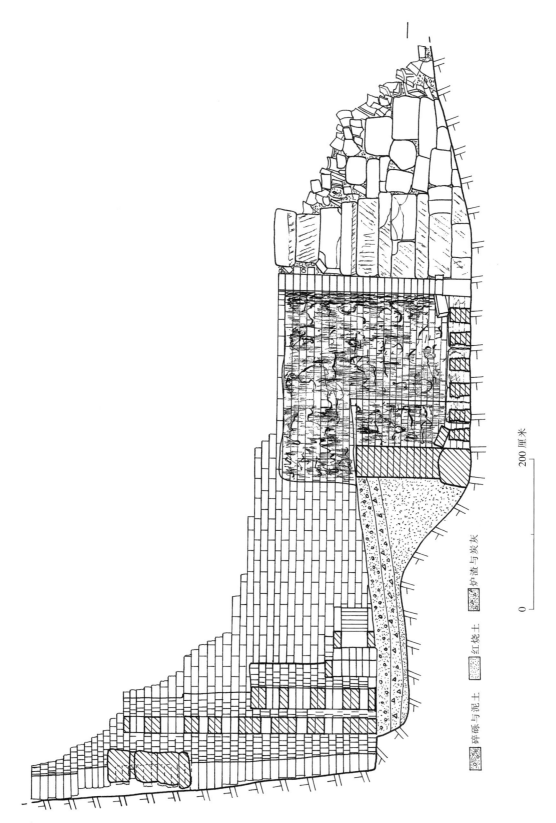

图一八 Y5 纵剖图

0　　　　　200厘米

碎砖与泥土　　红烧土　　炉渣与炭灰

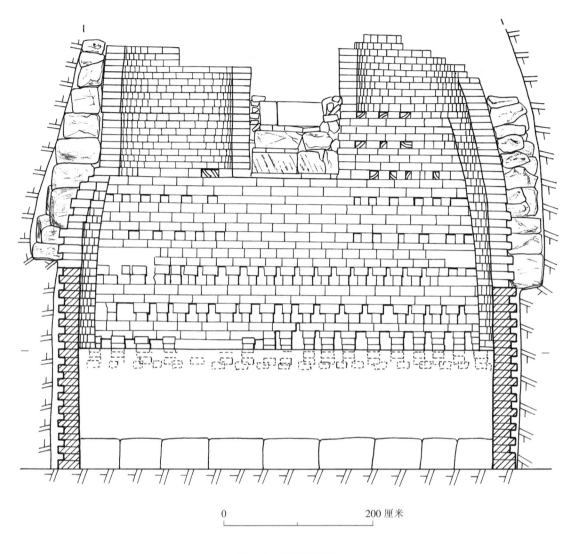

0   200 厘米

图一九　Y5 横剖图

2 厘米。窑床床面与烟囱前壁的底部相连为一整体，使用石质碎砾错缝平砌，经长期高温烘烤已成粉砂状，局部还有烧结现象，厚 0.2~0.25 米。挡火墙、烟囱使用单层条砖砌筑。烟囱隔墙使用较为方正的细砂岩块石错缝叠筑，局部用碎砾填缝。火膛、窑床两侧砖墙、烟囱上下层条砖之间使用草拌泥作为黏合剂，草拌泥层厚 0.5~1 厘米。挡火墙仅依靠重力砌筑，未使用草拌泥作为黏合剂。窑床、烟囱墙体所邻多处基岩经长期高温烘烤已成红色，厚 0.1 米。

门道，平面呈梯形，直壁。底部靠近进出口的部分呈外高内低的坡状，长 2.2 米，坡度 15°，内外高差 0.52 米；靠近窑门处为平底，长 0.72 米。底部经窑工长期作业活动形成一层踩踏面，黑灰色，坚硬质密，层理分明，夹杂炭灰、红烧土颗粒，厚 1 厘米。门道长 2.88、宽 2.44~3、高 0.2~2.68 米（图版三三）。

窑门，介于门道与火膛之间，立面呈上小下大的梯形。同时火膛紧靠门道二墙体的顶部渐趋收拢，推测窑门顶部为圆拱形。宽 1.32~1.36、高 2.68 米。

火膛，平面呈半月形，直壁略向内收，平底。底部搭建炉箅。左侧炉箅保存状况较好，右侧炉箅多仅存箅柱，均利用残损条砖搭建而成。箅柱共计 71 个，布设方式为：靠近窑床处横向弧形布设 3 行箅柱，每行箅柱数量自外而内依次为 13、14、14 个；靠近窑门处比较凌乱，先紧贴火膛左右两壁每侧布设 4 个箅柱，再大体横向布设 3 行箅柱填补剩余空间，每行箅柱数量自外而内依次为 7、6、9 个。每一箅柱用 4~6 块条砖叠砌而成，高 0.32 米。相邻箅柱顶部或竖或斜搭放条砖，有些靠近块石墙基的条砖一端搭放于墙基之上，这些条砖之间留有空隙。箅柱顶部作为支撑燃料的支撑面，条砖之间的空隙即为用于落灰的箅眼，箅柱之间的空间用于容灰。炉箅以上还残存一层炉渣与炭灰，呈两侧高中间低的"V"字形堆积形态，疑为窑炉废弃前最后一次烧造作业的遗留物，厚 0.25~1 米。此外炉箅以上的墙体其耐火泥层表面还附着有一层茶叶末色的琉璃质窑汗，厚 3~4 厘米。火膛长 2.08、宽 6.08、底部低于窑床床面 1.64 米，两侧墙体现高 2.56 米（图版三四、三五、三六、三七）。

窑床，平面近似扇形。床面靠近火膛部分外高内低，后倾 6°，内外高差 0.36 米，靠近烟囱部分平坦。床面下叠压窑床内填充物。填充物共 2 层，上层为炉渣与炭灰，呈外高内低的坡状堆积，厚 0.2 米；下层为夹杂石质碎砾的泥土，经长期高温烘烤已成红烧土，也呈外高内低的坡状堆积，厚 0.05~1.2 米。窑床立面墙体其耐火泥层表面附着有一层窑汗，厚 4 厘米。窑床长 5.68 米、宽 5.6~6.68、两侧墙体现高 3.4 米。

挡火墙，砌于窑床之上，自外而内共 3 道，高低相错，两两间距均为 0.16 米。平面均呈向内弧入的弧形。自外而内第 1 道挡火墙仅存 2 层，底层以顺砖平砌，相邻两砖之间留出空隙；上层仅存 3 块砖，顺砖竖砌，现宽 5.24、高 0.38、厚 0.22 米。第 2 道挡火墙底层以残损条砖叠砌砖柱，砖柱间留出方孔作为吸火孔，砖柱共计 17 个，吸火孔共计 16 个，砖柱宽 0.12~0.2、高 0.48 米，吸火孔宽 0.1~0.2、高 0.48、进深 0.22 米。砖柱之上又以顺砖平砌一层。该道挡火墙宽 5.28、高 0.54、厚 0.22 米（图二〇）。第 3 道挡火墙现存 9 层，自下而上每 3 层为一单元，各单元砌法与第 2 道挡火墙大致相同，不同之处为：砖柱之上错缝叠砌 2 层砖，第 1、2 单元仍用顺砖，第 3 单元则用丁砖。同时，第 2、3 单元砖柱较矮，吸火孔高度相应减低。第 1 单元砖柱宽 0.08~0.18、高 0.44 米，吸火孔宽 0.12~0.22、高 0.44、进深 0.3 米。第 2、3 单元砖柱宽 0.1~0.2、高 0.24 米，吸火孔宽 0.12 至 0.22、高 0.24、进深 0.3 米。该道挡火墙宽 5.08、高 1.62、厚 0.3 米（图二一；图版三八、三九）。

烟囱，2 个，左右侧各 1 个，平面均呈不规则半月形。两烟囱共用一道块石隔墙。前壁相连，平面呈略向内弧入的弧形。烟囱前壁底层砌法与第 2 道挡火墙底层相同，只是在挡墙前侧的位置以顺砖逐层错缝砌筑，不留出方孔，因此左右两侧各有 5 个砖柱、6 个吸火孔，砖柱宽 0.12~0.16、高 0.4 米，吸火孔宽 0.12~0.2、高 0.4、进深 0.22 米。砖柱以上左侧、右侧、挡墙前侧各现存 20、28、19 层砖。

自下而上每 4 层为一单元，各单元砌法为：下 3 层顺砖错缝叠砌；顶层使用残损条形或方

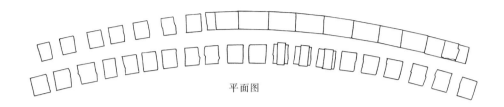

平面图

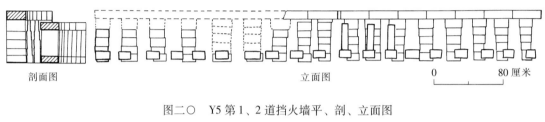

剖面图　　　　　　　　　　　　　　立面图　　　　　　0　　　　80厘米

图二〇　Y5第1、2道挡火墙平、剖、立面图

平面图

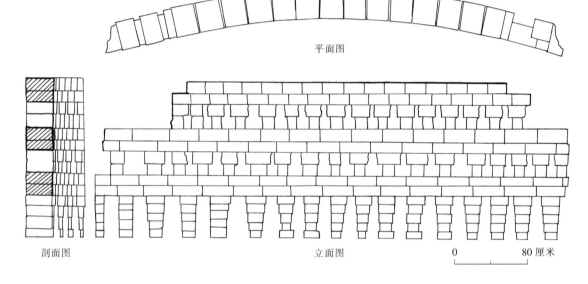

剖面图　　　　　　　　　　　　　　立面图　　　　　　0　　　　80厘米

图二一　Y5第3道挡火墙平、剖、立面图

形窑砖顺砖平砌，相邻两砖之间留出孔隙，形成密集有序的吸火小孔。只是在同层挡墙前侧的位置顺砖平砌，不留出孔隙。除去残损层数，左右两侧第4、8、12、16、20层①各有6个吸火孔，右侧第24、28层因窑体内收缩小减至5个吸火孔。左右两侧第20、24、28层吸火孔内置条状匣钵残件，多单片斜置，也有2片并列竖置。吸火孔宽0.04～0.2、高0.12、进深0.22米。前壁长0.22、宽5、高3.4米（图二二）。两烟囱后壁均使用残损条砖错缝砌筑（图二三）。左侧烟囱长1.16、宽2.16、现高4.6米。右侧烟囱长1.2、宽1.64、现高4.64米。

护墙：位于火膛、门道墙体的外侧，平面近似梯形，呈内高外低的坡状。使用大小不一的黄

────────────

① 此处层数不计入底层砖柱。

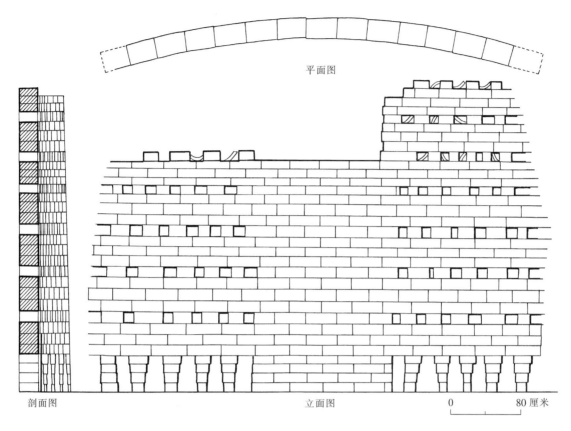

平面图

剖面图　　　　　　　　　　　　立面图　　　　　　0　　　80厘米

图二二　Y5 烟囱前壁平、剖、立面图

色细砂岩块石、泥土杂乱无序地填充。护墙内用作填充物的泥土经长期高温烘烤已成红烧土。护墙作用是保温和加固窑体。两侧护墙长 2.6、宽 1.4～1.56、高 0.2～2.68 米。

（五）T3

正方向。最初布设时，探沟长方形，南北长 4、东西宽 4 米，总面积 16 平方米。后为揭露遗迹，又经多次扩方，受地形限制及乐宜高速建设破坏，探沟最终成为一不规则几何形，南北长 8.9、东西宽 10.65 米，总面积 62 平方米。探沟东北侧、东侧地层堆积在建设挖方时被破坏，并回填有黄色建设弃土。

1. 地层堆积

地层堆积单一，分为 3 层，现以西南壁为例自上而下逐层介绍（图二四）：

第①层：耕土层，深灰褐色粉砂质黏土。经施工机械碾压，土质坚硬，夹杂较多植物根系。

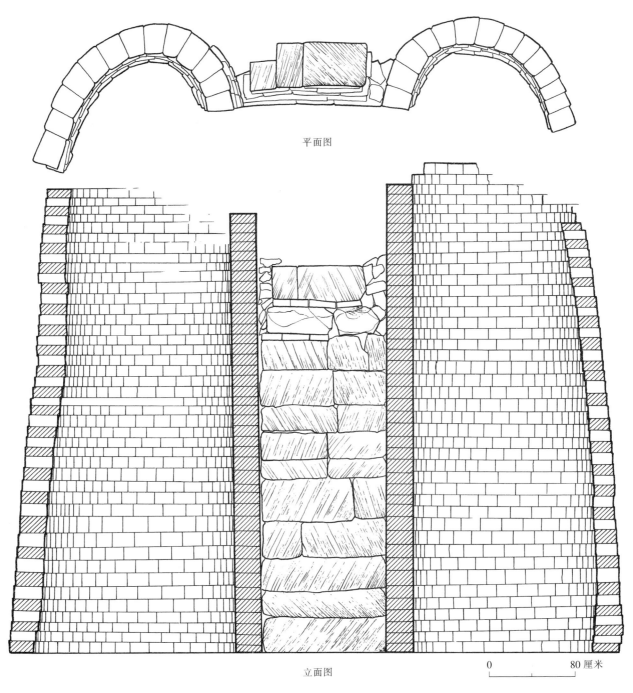

平面图

立面图

0   80 厘米

图二三　Y5 烟囱后壁平、立面图

包含物为现代废弃物。大体呈水平状堆积。分布于探沟西半部。现代堆积层。距地表深 0.1 ~
0.2、厚 0.1 ~ 0.2 米。遗迹 Y6 开口于本层下，打破第③层与生土。

　　第②层：浅灰褐色粉砂质黏土。土质疏松。包含物分布杂乱无序，主要为少量瓷片、窑具残
片。呈水平状堆积。仅分布于探沟西北部及西南角。明清堆积层。厚 0.3 ~ 0.4 米。

　　第③层：深褐色粉砂质黏土。土质疏松。包含物分布杂乱无序，主要为少量瓷片。呈水平状堆积。
分布于探沟西半部。宋代窑业废弃堆积层。距地表深 0.9 ~ 1、厚 0.35 ~ 0.85 米。本层以下为生土。

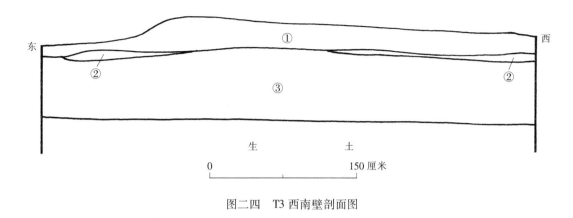

图二四 T3 西南壁剖面图

生土：淡黄色粉砂质黏土。土质干燥，致密，纯净。

2. 窑炉

遗迹为 1 座馒头窑炉，编号为 08SWXY6。位于 T1 北侧正中（图二五）。开口于第①层下，打破第③层与生土。窑炉内堆积基本为窑体塌毁于此的块石与碎砾。

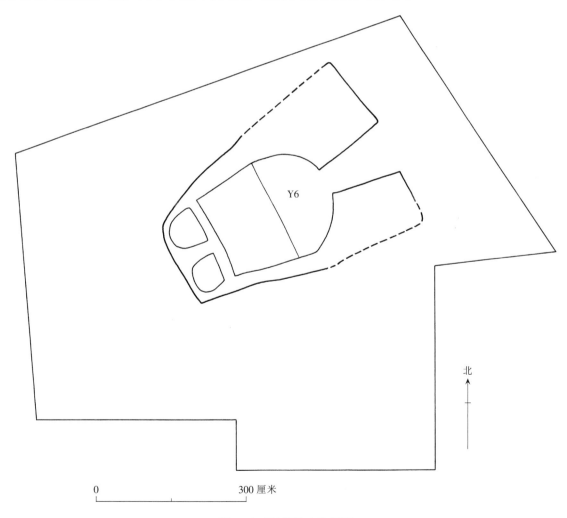

图二五 Y6 探沟内位置图

　　该窑炉保存状况较好，顶部已完全损毁，窑体下半部基本完好。为一小型椭圆形半倒焰型馒头窑炉，属间歇式窑。窑门朝向沫溪河，方向60°。长5、宽3、高1.95米（图二六；图版四〇、四一、四二、四三、四四、四五）。

　　该窑炉由窑体和护墙两部分组成。构筑方式为挖建于地层与生土层之中。工序为：先依自然坡势垂直向下于地层与生土当中挖出与窑炉大小、形状相若的基槽，随后于基槽内构筑窑体，最后于门道、火膛左右两侧构筑护墙。门道、护墙之外原应有小块平地，便于生产作业。

　　窑体：自外而内由门道、窑门、火膛、窑床、烟囱等部分组成，主要使用大小不一略加修整的红色细砂岩块石错缝砌筑，厚0.2~0.5米。门道两侧及烟囱墙体主要使用单层块石砌筑，门

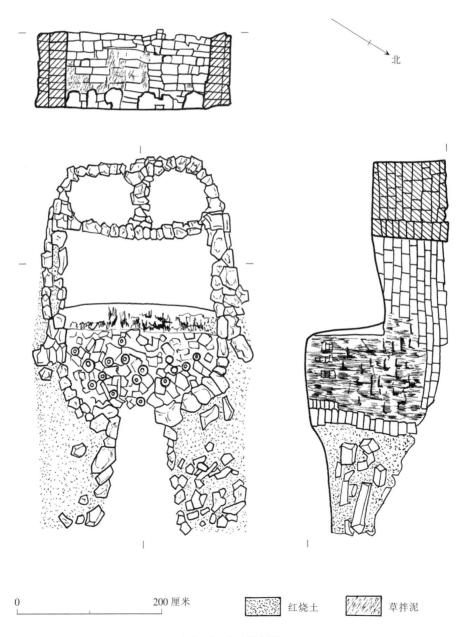

| 0 | 200 厘米 | ▦ 红烧土 | ▨ 草拌泥 |

图二六　Y6 平剖图

道另使用少量条石砌筑，烟囱块石间还使用黏土作为黏合剂，火膛、窑床两侧墙体使用内外双层块石砌筑。火膛、窑床墙体内壁平抹一层耐火泥。耐火泥呈红色，是已经烧结内含稻秸空腔的草拌泥，厚约 2 厘米。窑床、烟囱墙体外壁所邻生土经长期高温烘烤已成红烧土，厚 0.15～0.25 米。窑床立面使用大小不一略加修整的红色细砂岩块石错缝砌筑，厚 0.2～0.25 米。窑床床面与烟囱底部相连为一整体，使用石质碎砾错缝平砌。

门道，平面呈梯形，外高内低的坡道。长 1.65、宽 0.5～1.2、高 0.54～1.5 米。

窑门，介于门道与火膛之间，顶部无存，立面呈上大下小的倒梯形。宽 0.5～0.6、高 1.5 米。

火膛，平面呈半月形，斜壁略向内收，底部平坦略向窑床方向后倾。火膛底部残存一层炉渣与炭灰，厚 0.15 米。该层炉渣、炭灰之上即为炉算。炉算保存状况较好，利用废弃匣钵横向、纵向相间隔布设算柱。每一算柱共用覆扣的 3 个漏斗形匣钵搭建而成，高 0.25 米。相邻算柱顶部搭放石质碎砾，碎砾之间留有空隙。算柱顶部与碎砾作为支撑燃料的支撑面，碎砾之间的空隙即为用于落灰的算眼，算柱之间的空间用于容灰。炉算以上的墙体其耐火泥层表面还附着有一层茶叶末色的琉璃质窑汗，厚 1～3 厘米。火膛长 1～1.1、宽 3、底部低于窑床床面 1.1 米，两侧墙体现高 1.8 米。

窑床，平面近似长方形。床面外高内低，后倾 10°，内外高差约 0.15、厚 0.1 米。床面之上铺一层表面已烧红的白色粗石英砂粒作为软垫层，厚 2 厘米。窑床长 1.1～1.35、宽 2.75、两侧墙体现高 0.95 米。

烟囱，2 个，左右侧各 1 个，平面均呈不规则圆形。两烟囱前、后壁相连，共用一道隔墙。两烟囱前壁略向外弧出，现存 2 层吸火孔，间距 0.3 米。吸火孔形状均不甚规整，略近长方形。下层 6 个较大，宽 0.15～0.2、高 0.2～0.25、进深 0.2 米。上层 4 个较小，宽、高 10、进深 0.2 米。左侧烟囱直径 0.9～1.25、现高 1.1 米。右侧烟囱直径 1.1～1.25、现高 1.1 米（图版四六、四七）。

护墙：位于火膛、门道墙体的外侧，平面近似梯形，呈内高外低的坡状。使用大小不一的块石、泥土填充，门道右侧的块石砌筑得尤为密集。护墙内用作填充物的泥土经长期高温烘烤已成红烧土。护墙作用是保温和加固窑体。两侧护墙长 2、宽 0.3～1、高 0.6～1.4 米（图版四八）。

三　遗物

此次发掘出土及采集的各类遗物大致可以分为瓷器（含未施釉的素烧器）、窑具、制瓷工具等三大类，完整的或可以复原的遗物可达 400 余件，其中具有代表性的小件共计 309 件。瓷器基本系拉坯成形，个别部件捏塑成形，主要为饮食盛贮用具、陈设照明用具、文房用具，可辨器形有碗、钵、盏、盘、碟、壶、杯、罐、奁、研磨器、瓶、花插、香炉、灯、灯盏、砚滴等。按釉色又可分为黑釉、白釉瓷，黑釉瓷占绝大多数，白釉瓷数量极少。黑釉瓷因釉料含铁比例、釉层厚薄、窑炉气氛、烧成温度等因素的影响，釉色呈现黑、黑褐、酱褐、深褐、浅褐、灰褐、酱红、赭黄、赭灰、酱绿等不同颜色，其中以黑、酱褐、深褐、浅褐为主，有些还有蓝色、蓝白色、乳白色、酱褐色、兔毫、油滴、鹧鸪斑等丰富多种的窑变。瓷器多先施一层黄色、灰白色、黑色护胎釉，除外壁下腹部、底足再施一层表层釉，施釉方法以浸釉、刷釉为主，偶见洒釉。胎多为选用本地黏土制备而成的瓷胎、泥胎、缸胎①，胎色有灰、灰白、灰黄、灰黑、黄褐、黄、红、褐、红褐、黑褐、黑、灰褐等。瓷器器表均为素面无纹饰。窑具多数系拉坯成形，少数捏塑成形，支垫具有垫钵、垫碟、三齿碗形垫具、垫圈、垫托、支柱等，装烧具仅见匣钵、匣钵盖。制瓷工具仅见研磨杵。装烧工艺有涩圈叠烧、擦内底釉叠烧、砂堆叠烧、垫碟叠烧、垫圈叠烧、装匣仰烧、罐套烧、奁搭烧对烧组合。

（一）瓷器

270 件。器形有碗、钵、盏、盘、碟、壶、杯、罐、奁、研磨器、瓶、花插、香炉、灯、灯盏、砚滴等。

1. 碗

66 件。此次发掘的大宗器物。根据器形可分为五类，即敞口碗、侈口碗、敛口碗、折腹碗、斗笠碗。

---

① 器物胎质、胎色描述中，仅有胎色均为瓷胎，下不一一注明。

（1）敞口碗

33件。敞口，圆唇，斜弧腹，矮圈足。胎色有灰、灰白、灰黄、灰黑、黄褐、红、褐、红褐、黑褐、黑等。器物先通体多施褐色护胎釉，再除外壁下腹部、圈足之外施表层釉，表层釉色有黑、黑褐、酱褐、深褐、浅褐等。有些内底擦去外层釉，有些则旋挖出一圆形凹槽露出胎体形成涩圈，内底、圈足多粘连细小石英砂颗粒。该类碗应采用擦内底釉或涩圈结合砂堆叠烧的方法烧造。根据器形及体量大小可分为四型。

A型　23件。体量最大。

标本1，T2②：2，残损。黄褐胎。黑釉，釉色不均，内外壁有蓝色兔毫窑变现象。口径15.8、底径5.4、足高0.6、通高6.7厘米（图二七，1）。

标本2，H3：8，残损。褐胎。外壁有拉坯形成的凸棱。黑釉，有开片现象。外壁下腹部2处粘连细石英砂颗粒。口径15.6、底径5.4、足高0.6、通高7厘米（图二七，2；图版四九）。

标本3，H3：10，残损。灰黄胎。外壁腹部有拉坯形成的凸棱。黑釉，有大面积开片现象。外壁下腹部与圈足交接处粘连较大细石英砂颗粒。口径15、底径5.4、足高0.4、通高6.1厘米①（图二七，3；图版五〇）。

标本4，H3：11，残损。褐胎。黑釉，釉色暗淡干涩，有开片现象。圈足粘连细石英砂颗粒。口径15.6、底径5.2、足高0.4、通高6厘米（图二七，4；图版五一）。

标本5，H3：18，残损。灰黄胎。黑釉，釉色明亮，有开片现象。口径16.2、底径5.2、足高0.5、通高6.7厘米（图二七，5；图版五二）。

标本6，T2⑤：33，残损。褐胎。黑釉，釉色暗淡干涩，有开片现象。外壁下腹部粘连细石英砂颗粒。口径15.8、底径5.4、足高0.6、通高6.2厘米（图二七，6）。

标本7，T2⑤：34，残损。灰白胎。黑釉，釉色暗淡干涩，有开片现象。外壁下腹部与圈足交接处粘连细石英砂颗粒。口径16.6、底径5.4、足高0.6、通高7厘米（图二七，7）。

标本8，T2⑥：22，残损。红胎。黑釉，釉色暗淡干涩。圈足粘连细石英砂颗粒。口径16.6、底径5.2、足高0.6、通高6.4厘米（图二七，8）。

标本9，T2⑥：24，残损。黑褐胎。黑釉，釉色暗淡干涩，泛金属光泽。口径15.4、底径5.8、足高0.4、通高6.4厘米（图二七，9）。

标本10，H4：26，残损。黄胎。黑釉，釉色明亮，有开片现象。外壁下腹部与圈足粘连细石英砂颗粒。口径15.2、底径5.4、足高0.5、通高6.2厘米（图二七，10；图版五三）。

标本11，T2⑥：18，残损。红褐胎。酱褐釉，釉色干涩，有洒釉形成的浅褐色釉痕。口径15.4、底径5.6、足高0.4、通高6.4厘米（图二七，11；图版五四）。

---

①　凡器物最大尺寸均指其最大值，口径、腹径、底径均为含器壁的最大值，因器物有烧偏变形的现象，高则为器物或某一部位最高点的数值。

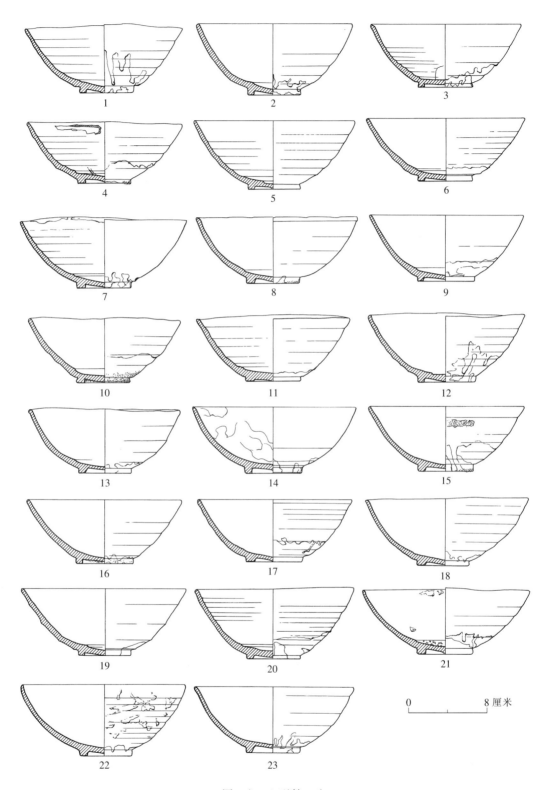

图二七　A 型敞口碗

1～23. A 型敞口碗（T2②：2、H3：8、H3：10、H3：11、H3：18、T2⑤：33、T2⑤：34、T2⑥：22、T2⑥：24、H4：
26、T2⑥：18、H4：14、H4：48、T1③：5、H1：10、H3：16、T2⑥：10、T2⑥：15、H4：44、H1：6、H3：12、T2⑤：
25、T2⑥：30）

标本 12，H4：14，残损。灰黄胎。酱褐釉，釉色干涩。口径 15.6、底径 5.8、足高 0.6、通高 6.8 厘米（图二七，12；图版五五）。

标本 13，H4：48，残损。红褐胎。酱褐釉，内壁有少许蓝紫色窑变现象。外壁中腹部粘附黑色窑粘、浅红褐色匣钵残片。口径 15.2、底径 5.2、足高 0.4、通高 6.2 厘米（图二七，13）。

标本 14，T1③：5，残损。红胎。酱褐釉，釉色干涩，有缩釉现象。内底与圈足外缘粘连细石英砂颗粒。口径 16.4、底径 5.8、足高 0.6、通高 6.5 厘米（图二七，14）。

标本 15，H1：10，残损。红胎。深褐釉。外壁上腹部粘附窑粘。圈足粘连细石英砂颗粒。口径 15.6、底径 5.6、足高 0.6、通高 6.4 厘米（图二七，15）。

标本 16，H3：16，残损。红褐胎。口沿至下腹部有一条烧裂的裂缝。深褐釉，釉色干涩。内壁粘附黑色窑粘，窑粘上有密集的气孔。口径 15.6、底径 5.6、足高 0.6、通高 6.2 厘米（图二七，16）。

标本 17，T2⑥：10，残损。黑褐胎。深褐釉，釉色暗淡干涩，泛金属光泽，有开片现象。口径 15.6、底径 5.8、足高 0.4、通高 6 厘米（图二七，17）。

标本 18，T2⑥：15，残损。深褐胎。深褐釉，釉色暗淡干涩，有开片现象。内壁及圈足粘连细石英砂颗粒。口径 16.2、底径 5.2、足高 0.4、通高 6.6 厘米（图二七，18；图版五六）。

标本 19，H4：44，残损。灰黄胎。深褐釉，釉色干涩，釉层较薄。口径 16.6、底径 5.2、足高 0.6、通高 6.5 厘米（图二七，19）。

标本 20，H1：6，残损。红胎。浅褐釉，釉色暗淡干涩木光。内底粘连细石英砂颗粒。口径 16.6、底径 5.6、足高 0.6、通高 6.4 厘米（图二七，20）。

标本 21，H3：12，残损。褐胎。浅褐釉，釉色暗淡干涩，有开片现象。圈足粘连细石英砂颗粒。口径 16、底径 5.4、足高 0.3、通高 6.8 厘米（图二七，21；图版五七）。

标本 22，T2⑤：25，残损。红胎。浅褐釉，釉层有浅土黄色釉效果，外壁有缩釉现象。圈足粘连细石英砂颗粒。口径 16.6、底径 5.2、足高 0.6、通高 7 厘米（图二七，22）。

标本 23，T2⑥：30，残损。红胎。浅褐釉，釉色较亮，外壁腹部有缩釉现象。口径 16、底径 5.4、足高 0.6、通高 6.4 厘米（图二七，23）。

B 型　4 件。器形同 A 型，体量较 A 型小。

标本 1，采：15，残损。黑褐胎。黑釉，釉色暗淡干涩。口径 15.2、底径 6.2、足高 0.6、通高 4.8 厘米（图二八，1）。

标本 2，T2⑥：11，残损。红褐胎。浅褐釉，釉层较薄。口径 15.4、底径 5.8、足高 0.5、通高 4.2 厘米（图二八，2）。

标本 3，T2⑥：14，残损。红褐胎。浅褐釉，釉层较薄。口径 15.4、底径 5.4、足高 0.6、通高 4.8 厘米（图二八，3；图版五八）。

标本4，H4：40，残损。黄胎。浅褐釉，釉层较薄。口径14.6、底径6.2、足高0.6、通高5厘米（图二八，4；图版五九）。

C型　1件。器形同A型，体量较B型小。

标本1，T2⑦：22，残损。黄胎。黑釉，釉色暗淡干涩，有细微开片现象。圈足粘连细石英砂颗粒。口径14.4、底径5.4、足高0.4、通高4厘米（图二八，5；图版六〇）。

D型　5件。器形同A型，体量最小。均为深褐釉。根据体量大小又可分为两亚型。

Da型　2件。体量较大。

标本1，H1：12，残损。灰黑胎。釉色较亮，有金属光泽。内底、外壁下腹部粘连细石英砂颗粒。口径12.6、底径5、足高0.6、通高4.2厘米（图二八，6；图版六一）。

标本2，T3②：7，略残。红胎。釉色暗淡干涩，有开片现象。内底粘连一圈细石英砂颗粒。口径12.4、底径5.4、足高0.5、通高3.2厘米（图二八，7；图版六二）。

Db型　3件。体量较小。

标本1，H4：33，残损。黄胎。釉色有金属光泽。内壁、内底粘连细石英砂颗粒。口径10.6、底径5、足高0.7、通高3.6厘米（图二八，8；图版六三）。

标本2，T1②：1，残损。灰黑胎。釉色明亮。口径11、底径5.2、足高0.6、通高4厘米（图二八，9）。

标本3，采：12，残损。灰黄胎。釉色明亮，有金属光泽。口径11、底径4.8、足高0.7、通高3.4厘米（图二八，10）。

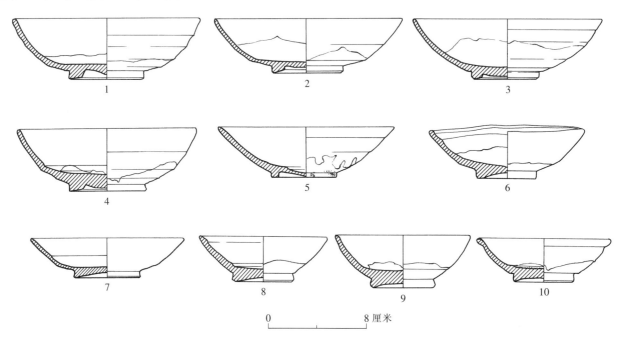

0　　　　　8厘米

图二八　B、C、D型敞口碗

1～4. B型敞口碗（采：15、T2⑥：11、T2⑥：14、H4：40）　5. C型敞口碗（T2⑦：22）　6～7. Da型敞口碗（H1：12、T3②：7）　8～10. Db型敞口碗（H4：33、T1②：1、采：12）

（2）侈口碗

6件。敞口，圆唇，斜弧腹，矮圈足。胎色均为红色。器物先通体施黄色护胎釉，再除外壁下腹部、圈足之外施表层釉，表层釉色有黑、深褐、浅褐、赭灰等。内底旋挖出一圆形凹槽露出胎体形成涩圈。该类碗应采用涩圈结合砂堆叠烧的方法烧造。根据口沿外侈程度可分为两型。

A型　4件。口微侈。

标本1，T1②:10，残损。灰黑胎。黑釉，釉色木光，釉层较薄，外壁腹部有缩釉现象，呈现较多小气孔。口径17.2、底径6.8、足高0.8、通高5.6厘米（图二九，1；图版六四）。

标本2，T2⑥:13，完好。赭灰釉，釉色木光，釉层较薄。口径17、底径5.8、足高1、通高6.2厘米（图二九，2；图版六五）。

标本3，Y1:23，完好。黄胎。浅褐釉。口径15.2、底径4.6、足高0.6、通高4.4厘米（图二九，3；图版六六）。

标本4，采:30，残损。深褐釉，釉色偏红紫色，木光。口径17.4、底径6.8、足高0.6、通高5.4厘米（图二九，4）。

B型　2件。口略侈。

标本1，T2⑤:31，残损。浅褐釉，釉色暗淡干涩。口径15.6、底径5.4、足高0.5、通高6厘米（图二九，5）。

标本2，H4:24，残损。素烧器。口径16.8、底径5.8、足高0.4、通高5厘米（图二九，6）。

（3）敛口碗

1件。敛口，圆唇，略束颈，斜直腹，下腹部斜直内收，玉璧底。

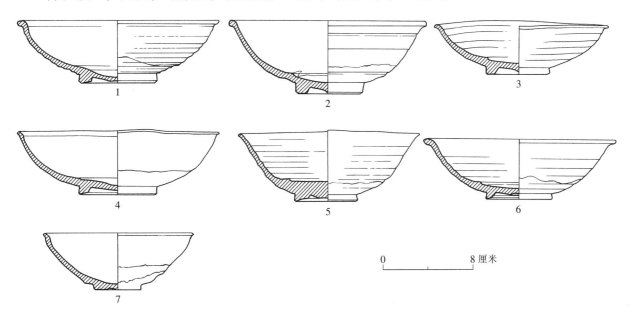

0　　　　　　8厘米

图二九　A、B型侈口碗及敛口碗

1～4. A型侈口碗（T1②:10、T2⑥:13、Y1:23、采:30）5～6. B型侈口碗（T2⑤:31、H4:24）7. 敛口碗（Y3:4）

标本1，Y3:4，灰白胎。先通体施黄色护胎釉，除外壁下腹部、底部外再施黑釉，外壁上腹部有酱褐色窑变，内壁有开片现象。口径13、底径4、足高0.4、通高4.8厘米（图二九，7；图版六七）。

（4）折腹碗

19件。侈口，尖圆唇或尖唇，斜直腹，下腹部斜直内收，圈足。胎色有红、褐、黑褐等，以红、褐为主。器物先通体施黄色、灰白色、黑色护胎釉，再除外壁下腹部、圈足之外施表层釉，表层釉色有黑、黑褐、酱褐、深褐、浅褐等。内底擦去外层釉，内底、圈足多粘连细小石英砂颗粒，应采用擦内底釉结合砂堆叠烧的方法烧造。根据圈足形态可分为三型。

A型 8件。圈足挖足过肩。

标本1，Y5:17，残损。褐胎。器口烧偏变形。黑釉，釉色木光。口径11.6、底径5.6、足高1、通高5.4厘米（图三〇，1）。

标本2，Y5:19，残损。红胎。深褐釉，釉色明亮。口径11.4、底径4.8、足高0.6、通高4.8厘米（图三〇，2；图版六八）。

标本3，Y5:22，残损。褐胎。深褐釉，釉色木光。口径11、底径4.6、足高0.6、通高4.8厘米（图三〇，3）。

标本4，Y5:23，残损。红胎。器口烧偏变形。深褐釉，釉色木光。口径10.8、底径5、足高0.8、通高5厘米（图三〇，4；图版六九）。

标本5，Y5:28，残损。褐胎。深褐釉。外壁腹部有两处窑粘，窑粘有大小不均的气孔。口径10.8、底径4.8、足高1、通高5.4厘米（图三〇，5）。

标本6，Y5:35，残损。红胎。素烧器。内底有一朱书行体"龙"字。口径12.2、底径5.4、足高0.6、通高5厘米（图三〇，6；图版七〇、七一）。

标本7，Y5:34，残损。灰白胎。素烧器。内底有一朱书行体"元"字。口径13、底径6.4、足高0.6、通高5.4厘米（图三〇，7；图版七二、七三）。

标本8，Y5:33，残损。红胎。素烧器。内底有一朱书行体"金"字。口径12.4、底径5.6、足高0.6、通高5厘米（图三〇，8；图版七四、七五）。

B型 7件。圈足未挖足过肩。

标本1，Y5:26，残损。褐胎。黑釉，釉色木光。口径11.8、底径4.6、足高0.6、通高4.9厘米（图三一，1）。

标本2，Y1:14，残损。褐胎。深褐釉。口径11.4、底径4.6、足高0.7、通高5厘米（图三一，2）。

标本3，Y1:15，残损。褐胎。器口烧偏变形。深褐釉，有缩釉现象。口沿有一长条形窑粘，窑粘上分布密集小孔。口径13、底径6.4、足高0.8、通高5.2厘米（图三一，3）。

标本4，Y5:15，残损。褐胎。深褐釉，釉色木光。口径10.6、底径4.6、足高0.7、通高5

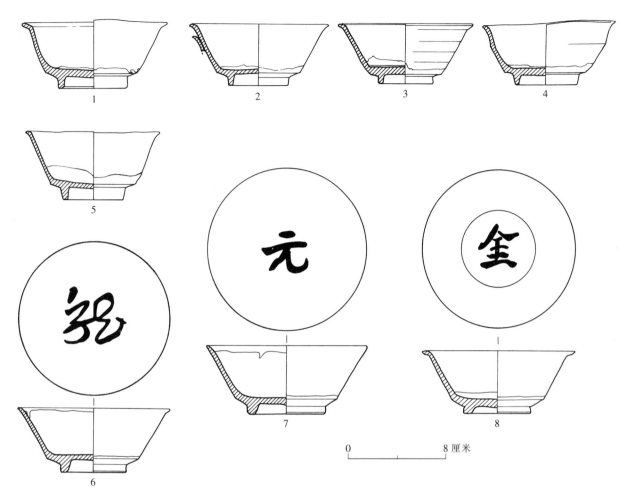

图三〇 A 型折腹碗
1~8. A 型折腹碗（Y5：17、Y5：19、Y5：22、Y5：23、Y5：28、Y5：35、Y5：34、Y5：33）

厘米（图三一，4）。

标本 5，Y5：20，残损。红胎。深褐釉，釉色木光。口径 11.8、底径 4.8、足高 0.4、通高 5.4 厘米（图三一，5）。

标本 6，Y5：30，残损。褐胎。深褐釉，釉色泛金属光泽。口径 10.6、底径 5、足高 0.8、通高 5.4 厘米（图三一，6；图版七六）。

标本 7，Y5：39，残损。褐胎。器口略烧偏变形。深褐釉，釉色泛金属光泽。口径 11.6、底径 5、足高 0.8、通高 5 厘米（图三一，7；图版七七）。

C 型 4 件。体量较小，矮圈足，挖足过肩。

标本 1，Y5：32，残损。褐胎。器口略烧偏变形。黑釉，釉色泛金属光泽。口径 8、底径 3.2、足高 0.5、通高 4.4 厘米（图三一，8）。

标本 2，Y5：18，残损。红胎。深褐釉，釉色较亮。口径 8.4、底径 3.6、足高 0.6、通高 4 厘米（图三一，9；图版七八）。

标本 3，Y5：29，残损。红胎。器口略烧偏变形。素烧器。口径 8.8、底径 3.4、足高 0.6、

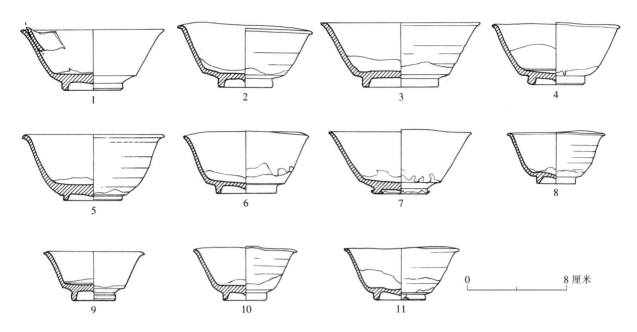

图三一 B、C 型折腹碗

1 ~ 7. B 型折腹碗（Y5：26、Y1：14、Y1：15、Y5：15、Y5：20、Y5：30、Y5：39）8 ~ 11. C 型折腹碗（Y5：32、Y5：18、Y5：29、Y5：31）

通高 4.4 厘米（图三一，10；图版七九）。

标本 4，Y5：31，残损。红胎。素烧器。口径 9.6、底径 4.2、足高 0.5、通高 4.2 厘米（图三一，11）。

（5）斗笠碗

7 件。敞口，尖唇，斜直腹，下腹部斜直内收，圈足或实足。胎色有黄、红、红褐等，以红色为主。器物先通体施护胎釉，再除外壁下腹部、圈足之外施表层釉，表层釉色有黑、深褐、浅褐、赭黄等。有些底部粘连细小石英砂颗粒。根据圈足形态可分为两型。

A 型 5 件。矮圈足。

标本 1，T3②：3，残损。红胎。黑釉，釉色明亮，泛金属光泽。口径 10.4、底径 3.6、足高 0.7、通高 5.6 厘米（图三二，1；图版八〇）。

标本 2，T3②：9，残损。红胎。深褐釉，釉色干涩，釉层较薄。口径 10.2、底径 3.8、足高 0.6、通高 5.8 厘米（图三二，2；图版八一）。

标本 3，T3②：8，残损。黄胎。浅褐釉，釉色干涩。口径 12.4、底径 3.6、足高 0.4、通高 5.8 厘米（图三二，3；图版八二）。

标本 4，Y6：5，残损。红褐胎。赭黄釉，釉色干涩暗淡，釉层较薄。口径 10.4、底径 3.6、足高 0.4、通高 6 厘米（图三二，4）。

标本 5，采：35，残损。红胎。赭黄釉，釉色干涩暗淡，釉层上有浅土黄色洒釉现象。口径 15、底径 5.8、足高 0.6、通高 5 厘米（图三二，5）。

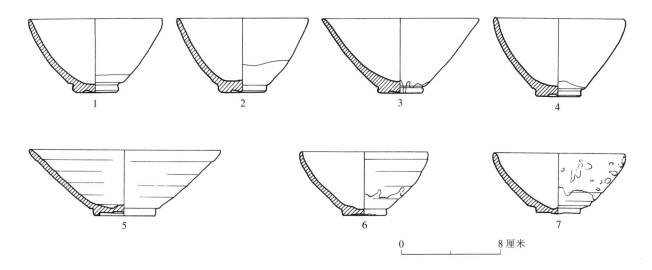

图三二　A、B 型斗笠碗

1~5. A 型斗笠碗（T3②:3、T3②:9、T3②:8、Y6:5、采:35）6~7. B 型斗笠碗（T2⑥:6、Y3:1）

B 型　2 件。口微敛，饼形实足。

标本 1，T2⑥:6，残损。褐胎。赭黄釉，内壁有鹧鸪斑窑变。实足底部粘连细石英砂颗粒。口径 10、底径 3.4、足高 0.4、通高 4.8 厘米（图三二，6）。

标本 2，Y3:1，残损。红胎。赭黄釉，釉色干涩木光，釉面有气泡、开裂现象。口径 10.4、底径 3.4、足高 0.4、通高 4.6 厘米（图三二，7；图版八三）。

2. 钵

18 件。根据器形可分为两类，即深腹钵、碗形大钵。

（1）深腹钵

7 件。直口，圆唇，内收深弧腹，圈足。胎色有灰黄、黄、红、红褐等。器物先通体施护胎釉，再除外壁下腹部、圈足之外施表层釉，表层釉色有黑、酱褐、深褐、赭黄等。采用垫碟结合砂堆叠烧的方法烧造。根据圈足高矮可分为两型。

A 型　4 件。高圈足。

标本 1，H3:3，残损。灰黄胎。黑釉，釉色干涩暗淡，内壁有零星蓝白色窑变。口径 11.2、底径 5、足高 1.1、通高 7.6 厘米（图三三，1；图版八四）。

标本 2，采:22，残损。红胎。黑釉，内壁有蓝色兔毫窑变现象，外壁釉色干涩暗淡，有开裂现象。内底粘连一层细石英砂颗粒。口径 11.2、底径 5.6、足高 0.8、通高 7.6 厘米（图三三，2；图版八五）。

标本 3，采:26，残损。红胎。深褐釉，内壁有浅土黄色洒釉现象。口径 11.4、底径 5.2、足高 0.6、通高 7.6 厘米（图三三，3）。

标本 4，H4:15，残损。红胎。赭黄釉，内壁有浅土黄色洒釉现象。内底粘连一层细石英砂

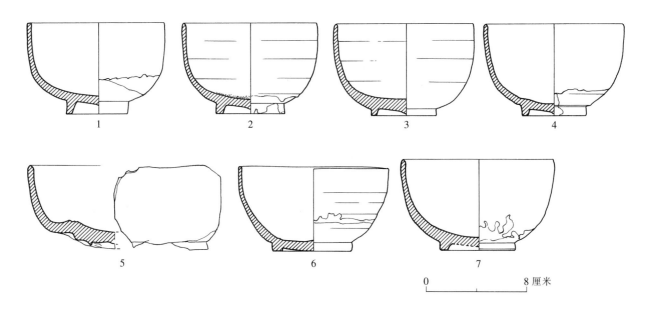

图三三　A、B 型深腹钵

1~4. A 型深腹钵（H3：3、采：22、采：26、H4：15）5~7. B 型深腹钵（Y3：14、H4：17、Y3：10）

颗粒。口径 11.4、底径 5.2、足高 0.8、通高 7.6 厘米（图三三，4）。

B 型　3 件。矮圈足。

标本 1，Y3：14，残损。灰黄胎。器口、圈足略烧偏变形。黑釉，釉色较亮，有较大开片现象。口径 15.8、通高 7 厘米（图三三，5）。

标本 2，H4：17，残损。褐胎。黄釉，釉色干涩暗淡，有开片现象。口径 12.2、底径 6.6、足高 0.7、通高 7 厘米（图三三，6；图版八六）。

标本 3，Y3：10，残损。红胎。酱褐釉，内、外壁釉层有蓝白色兔毫窑变现象。口径 12.6、底径 6.2、足高 0.6、通高 7.6 厘米（图三三，7）。

（2）碗形大钵

11 件。敞口，宽沿或卷沿，方唇或圆唇，内收斜弧腹，圈足。胎色有黄、红、褐、红褐等，以红色为主。器物先通体施褐色护胎釉，再除外壁下腹部、圈足之外施表层釉，表层釉色有黑、黑褐、浅褐等。内底擦去外层釉，内底、圈足多粘连细小石英砂颗粒，应采用擦内底釉结合砂堆叠烧的方法烧造。根据器形可分为二型。

A 型　9 件。敞口，宽沿，方唇，内收斜弧腹，圈足。

标本 1，H1：19，残损。红胎。黑釉。内壁下腹部和外壁腹部有缩釉现象，呈现较多小气孔。口径 21.6、底径 8.6、足高 0.8、通高 9 厘米（图三四，1）。

标本 2，H3：32，残损。褐胎。黑釉。圈足粘连细小石英砂颗粒。口径 21.8、底径 8、足高 0.7、通高 9.6 厘米（图三四，2）。

标本 3，T2⑥：38，残损。红褐胎。黑釉，釉层较薄。口径 27.6、底径 10.4、足高 1.8、通高 12.8 厘米（图三四，3）。

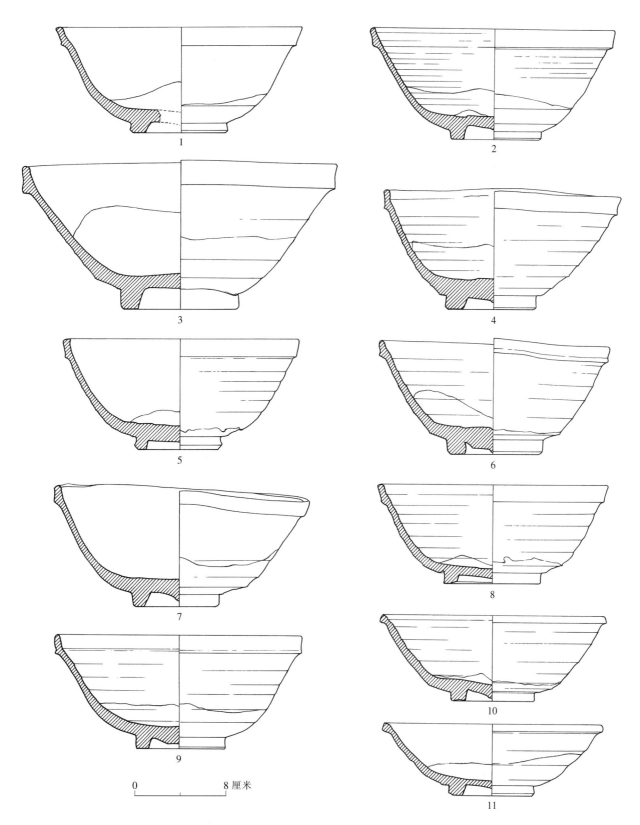

图三四　A、B 型碗形大钵

1~9. A 型碗形大钵（H1：19、H3：32、T2⑥：38、T2⑦：7、T2⑦：13、Y3：20、T1②：5、采：27、H3：13）10~11. B 型碗形大钵
（H4：28、H4：27）

标本 4，T2⑦：7，残损。黄胎。黑釉，釉色泛金属光泽。内、外壁粘连黑色细石英砂颗粒。口径 21、底径 8.2、足高 1.2、通高 10 厘米（图三四，4；图版八七）。

标本 5，T2⑦：13，残损。红褐胎。黑釉，釉色泛金属光泽。口径 20.8、底径 7.8、足高 1.2、通高 9.6 厘米（图三四，5）。

标本 6，Y3：20，残损。红胎。器口略烧偏变形。黑釉，釉色木光。口径 20、足高 1.3、通高 9 厘米（图三四，6；图版八八）。

标本 7，T1②：5，残损。红胎。器口略烧偏变形。黑釉，内壁下腹部和外壁腹部有缩釉现象，呈现较多小气孔。口径 22.4、底径 7.4、足高 1、通高 10.6 厘米（图三四，7）。

标本 8，采：27，残损。红胎。黑釉，木光。口径 20.6、底径 8.6、足高 1、通高 8.6 厘米（图三四，8）。

标本 9，H3：13，残损。红胎。外壁有拉坯形成的凸棱。素烧器。口径 21.8、底径 7.8、足高 1、通高 9.8 厘米（图三四，9）。

B 型　2 件。敞口，卷沿，圆唇，内收斜直腹，圈足。

标本 1，H4：28，残损。红胎。黑釉，釉色泛金属光泽，有细微缩釉现象。口径 20.2、底径 7.4、足高 0.8、通高 7.4 厘米（图三四，10）。

标本 2，H4：27，残损。褐胎。浅褐釉。口径 19.8、底径 7.6、足高 1、通高 6.2 厘米（图三四，11；图版八九）。

3. 盏

56 件。此次发掘的大宗器物。胎色有灰、灰黄、灰黑、黄、红、褐、红褐、黑褐、灰褐等。器物先通体施护胎釉，再除外壁下腹部、外底之外施表层釉，表层釉色有黑、黑褐、酱褐、深褐、浅褐、赭黄、酱绿等。底部多粘连细小石英砂颗粒，采用装匣仰烧结合沙堆的方法烧造。根据器形可分为八型。

A 型　2 件。斗笠形盏。敞口，圆唇，内收斜直腹，内壁近口沿处有一道凸棱，圈足，圈足外缘削棱一周。

标本 1，T3②：5，残损。黄胎。黑釉，内底、外壁腹部有兔毫窑变现象。口径 12、底径 3.8、足高 0.6、通高 6.8 厘米（图三五，1；图版九〇）。

标本 2，T3②：10，残损。红胎。黑釉，釉色较亮，内壁有缩釉和油滴窑变现象。口径 10.4、底径 3.6、足高 0.6、通高 5.8 厘米（图三五，2；图版九一）。

B 型　2 件。碗形盏。敞口，圆唇，内收斜弧腹，内壁近口沿处有一道凸棱，实足或玉璧底。

标本 1，H3：37，残损。褐胎。实足。酱褐釉，釉色明亮，有开片现象。外壁下腹部、实足粘连细石英砂颗粒。口径 10.8、底径 4.6、足高 0.5、通高 6 厘米（图三五，3）。

标本 2，H4：16，残损。灰褐胎。玉璧底。酱褐釉，釉色明亮，有开片现象。底部粘连细石英砂颗粒。口径10.4、底径4.2、足高0.6、通高5.8厘米（图三五，4；图版九二）。

C型　11件。数量较多。器形同B型，体量较B型小，多为实足，极个别为玉璧底。

标本1，H3：28，残损。褐胎。黑釉，釉色明亮，有细微开片现象。口径10.2、底径3.8、足高0.6、通高5.6厘米（图三五，5）。

标本2，T2⑤：13，残损。红褐胎。外壁有拉坯形成的一道凸棱。黑釉，内壁、外壁腹部有零星酱色釉窑变及灰蓝色兔毫窑变现象。底足粘连细石英砂颗粒。口径10.6、底径4、足高0.7、通高4.6厘米（图三五，6；图版九三）。

标本3，T2⑤：14，基本完好。黄褐胎。外壁有拉坯形成的一道凸棱。黑釉，内壁釉色明亮，外壁釉色略显干涩，内壁有零星酱色釉窑变现象，外壁有灰蓝色兔毫窑变及土黄色窑变现象。外壁口沿到下腹部有一处窑伤，釉面剥落。下腹部、底足粘连细石英砂颗粒。口径10.4、底径3.8、足高0.6、通高5.8厘米（图三五，7）。

标本4，H4：6，残损。黄胎。黑釉，釉色较亮。口径10.4、底径3.8、足高0.4、通高5.4厘米（图三五，8）。

标本5，H4：8，残损。灰黄胎。黑釉，釉色明亮。外壁下腹部、实足粘连细石英砂颗粒。口径10.4、底径3.4、足高0.6、通高6厘米（图三五，9）。

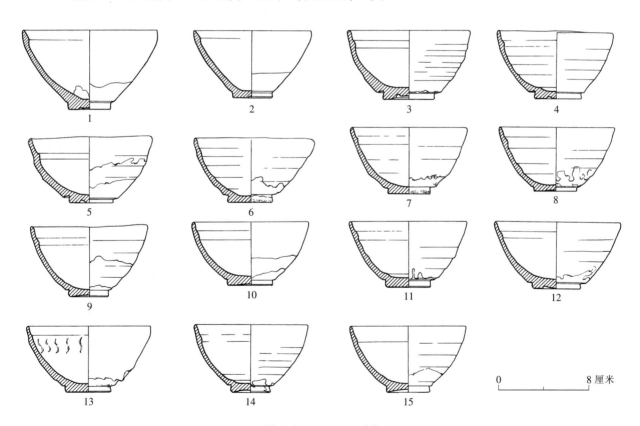

图三五　A、B、C型盏

1~2.A型盏（T3②：5、T3②：10）3~4.B型盏（H3：37、H4：16）5~15.C型盏（H3：28、T2⑤：13、T2⑤：14、H4：6、H4：8、H4：18、T2⑦：20、Y1：17、采：47、H4：19、T2⑤：38）

标本6，H4：18，完好。红褐胎。黑釉，釉色明亮。实足粘连细石英砂颗粒。口径10.4、底径4、足高0.4、通高5.4厘米（图三五，10；图版九四）。

标本7，T2⑦：20，完好。灰褐胎。黑釉，釉色明亮，有细微开片现象。实足粘连细石英砂颗粒。口径10.6、底径4、足高0.6、通高5.8厘米（图三五，11；图版九五）。

标本8，Y1：17，残损。红褐胎。黑釉，釉色干涩，有酱褐色窑变现象。口径11.2、底径4.2、足高0.6、通高5.8厘米（图三五，12）。

标本9，采：47，残损。红胎。黑釉，釉色干涩暗淡。内壁上腹部出筋堆塑菊花纹[①]。口径11、底径4、足高0.6、通高5.8厘米（图三五，13；图版九六）。

标本10，H4：19，残损。红胎。浅褐釉，釉色干涩暗淡。口径10、底径3.4、足高0.6、通高5.8厘米（图三五，14）。

标本11，T2⑤：38，残损。红胎。赭黄釉，釉色干涩暗淡。口径10.4、底径4、足高0.5、通高5.7厘米（图三五，15）。

D型　20件。数量较多。器形同B型，体量较C型小，多为实足，极个别为玉璧底。

标本1，T2②：1，残损。灰黄胎。外壁有拉坯形成的凸棱。黑釉，釉色较亮，有细微开片现象，内外壁有酱色釉窑变现象。实足粘连细石英砂颗粒。口径10.4、底径4.2、足高0.6、通高5.4厘米（图三六，1）。

标本2，H3：38，完好。褐胎。黑釉。口径10.4、底径3.4、足高0.4、通高5厘米（图三六，2；图版九七）。

标本3，T2⑤：15，足残佚。黄胎。黑釉，釉色较亮。下腹部粘连细石英砂颗粒。口径10.4、底径4、通高5厘米（图三六，3）。

标本4，T2⑤：30，完好。黄胎。黑釉，釉色较亮，有开片现象，内外壁腹部有酱色釉窑变现象。下腹部、实足粘连细石英砂颗粒。口径10.4、底径3.8、足高0.5、通高5.6厘米（图三六，4）。

标本5，T2⑥：4，残损。红褐胎。黑釉，釉色木光，有细微开片现象，内壁有兔毫窑变现象。外壁下腹部粘连半圈细石英砂颗粒。口径10.6、底径4、足高0.5、通高6厘米（图三六，5）。

标本6，T2⑥：5，完好。灰褐胎。黑釉，釉色明亮，有细微开片现象。实足粘连细石英砂颗粒。口径10.6、底径4、足高0.6、通高5.8厘米（图三六，6）。

标本7，H4：9，完好。黄褐胎。黑釉，釉色较亮，有缩釉现象。口径10.2、底径4.4、足高0.6、通高5厘米（图三六，7）。

---

① 乐山当地收藏界多将此类纹饰称为"太阳纹"，实则是一种写意菊花纹。陕西铜川市宋代耀州窑产品常见此类纹饰。陕西省考古研究所、耀州窑博物馆：《宋代耀州窑址》，文物出版社，1998年，第619页、第624~625页。

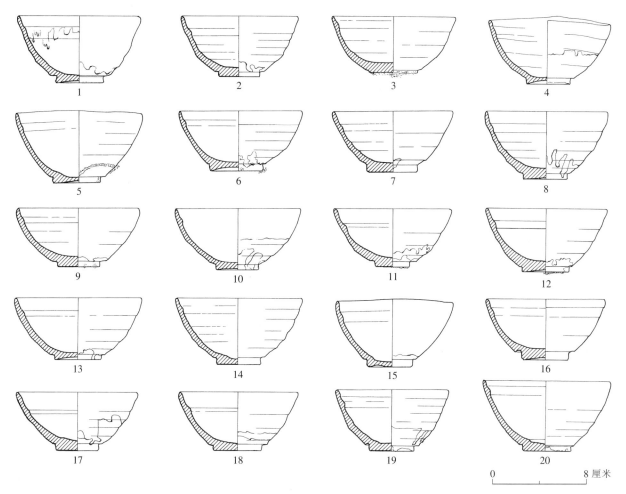

图三六　D 型盏

1~20. D 型盏（T2②：1、H3：38、T2⑤：15、T2⑤：30、T2⑥：4、T2⑥：5、H4：9、H4：45、Y1：16、T2⑤：28、H3：27、H3：30、
T2⑤：16、T2⑤：29、T2⑥：1、T2⑦：18、H3：31、H3：35、H4：23、T2⑦：25）

标本 8，H4：45，残损。黄褐胎。黑釉，釉色较亮，有细微开片现象。下腹部、实足粘连细石英砂颗粒。口径 10.4、底径 3.8、足高 0.5、通高 5.5 厘米（图三六，8）。

标本 9，Y1：16，残损。褐胎。黑釉，釉色干涩，内、外壁有酱褐色窑变现象。口径 10.4、底径 3.6、足高 0.4、通高 4.8 厘米（图三六，9）。

标本 10，T2⑤：28，残损。黄胎。黑褐釉，釉色明亮，有开片现象。口径 10.4、底径 3.8、足高 0.4、通高 5 厘米（图三六，10）。

标本 11，H3：27，完好。黑褐胎。酱褐釉，有细微开片现象。实足粘连细石英砂颗粒。口径 9.8、底径 2.8、足高 0.5、通高 4.8 厘米（图三六，11；图版九八）。

标本 12，H3：30，残损。灰褐胎。酱褐釉，釉色明亮泛紫红色，有细微开片现象。实足粘连细石英砂颗粒。口径 10.2、底径 4、足高 0.5、通高 5.2 厘米（图三六，12）。

标本 13，T2⑤：16，残损。红胎。浅褐釉，釉色干涩暗淡。实足粘连细石英砂颗粒。口径 10.4、底径 4、足高 0.4、通高 5 厘米（图三六，13）。

标本 14，T2⑤：29，完好。红胎。内壁口沿下方有一道凸棱。浅褐釉，釉色干涩暗淡。口径10.6、底径3.6、足高0.6、通高5.4厘米（图三六，14）。

标本 15，T2⑥：1，残损。红褐胎。浅褐釉，釉色干涩木光。外壁下腹部粘连细石英砂颗粒。口径10、底径3.8、足高0.6、通高5.6厘米（图三六，15；图版九九）。

标本 16，T2⑦：18，残损。黑褐胎。浅褐釉，内壁釉色干涩木光，有黑色兔毫窑变现象。实足粘连细石英砂颗粒。口径10.2、底径4、足高0.8、通高5厘米（图三六，16）。

标本 17，H3：31，略残。灰褐胎。赭黄釉，釉层较薄，釉色暗淡，外壁下腹部、底足有缩釉现象。口径10、底径3.4、足高0.6、通高4.8厘米（图三六，17）。

标本 18，H3：35，残损。褐胎。赭黄釉，釉色暗淡。口径9.8、底径4、足高0.5、通高4.8厘米（图三六，18）。

标本 19，H4：23，完好。黄褐胎。赭黄釉，釉色干涩木光。外壁下腹部粘附有黑色颗粒状煤渣。口径9.6、底径3.8、足高0.4、通高5厘米（图三六，19）。

标本 20，T2⑦：25，残损。黄胎。酱绿釉，釉色干涩，有细小龟裂。口径10.8、底径4、足高0.4、通高5.8厘米（图三六，20）。

E 型　6件。器形同 B 型，体量较 D 型小，多为实足，极个别为玉璧底。

标本 1，H1：1，残损。黑褐胎。黑釉，釉色明亮，有酱褐色窑变现象。实足粘连细石英砂颗粒。口径10.2、底径4、足高0.4、通高4.6厘米（图三七，1）。

标本 2，H1：3，残损。黑褐胎。器体略烧偏变形。黑釉，有酱色窑变现象。实足粘连细石英砂颗粒。口径10、底径3.6、足高0.4、通高4.4厘米（图三七，2）。

标本 3，H3：36，残损。灰褐胎。黑釉，釉色较亮。实足粘连细石英砂颗粒。口径10.2、底径4、足高0.4、通高4.4厘米（图三七，3）。

标本 4，Y1：19，残损。红褐胎。黑釉，釉色较亮。实足粘连细石英砂颗粒。口径10.2、底

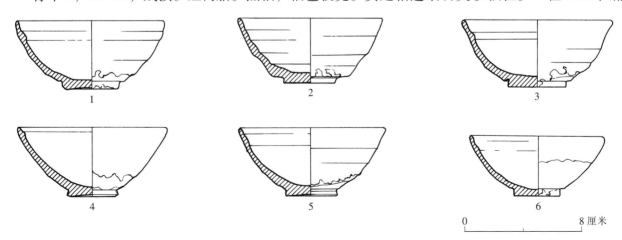

图三七　E 型盏

1~6. E 型盏（H1：1、H1：3、H3：36、Y1：19、Y3：7、T2⑤：27）

径3.6、足高0.4、通高4.6厘米（图三七，4）。

标本5，Y3：7，残损。黄褐胎。黑釉，釉色干涩，有开片现象。实足粘连细石英砂颗粒。口径10.2、底径3.6、足高0.4、通高4.6厘米（图三七，5；图版一〇〇）。

标本6，T2⑤：27，残损。灰胎。黑褐釉，釉色木光，内底有缩釉现象。口径9.2、底径3.2、足高0.5、通高4厘米（图三七，6；图版一〇一）。

F型　10件。敞口，圆唇，束颈，内收斜弧腹，内壁近口沿处有一道凸棱，实足或玉璧底。根据圈足形态可分为二亚型。

Fa型　7件。实足。

标本1，H4：10，残损。黄褐胎。黑釉，釉色明亮，有开片现象。实足粘连细石英砂颗粒。口径11.2、底径4.2、足高0.6、通高6厘米（图三八，1）。

标本2，T2⑦：19，残损。黑褐胎。黑釉，有兔毫窑变现象。实足粘连较多细石英砂颗粒。口径10.6、底径4.4、足高0.8、通高5.8厘米（图三八，2；图版一〇二）。

标本3，T2⑦：24，残损。红褐胎。黑釉，釉色较亮。实足粘连细石英砂颗粒。口径11.6、底径4.4、足高0.6、通高6.4厘米（图三八，3）。

标本4，T2③：11，残损。褐胎。黑釉，釉色明亮，有细微开片现象。外壁、实足粘连细石英砂颗粒。口径10.8、底径3.9、足高0.6、通高4.5厘米（图三八，4）。

标本5，T2⑤：20，残损。褐胎。浅褐釉，外壁釉色明亮泛金属光泽，内壁釉色干涩暗淡。实足粘连细石英砂颗粒，内壁口沿粘附窑粘。口径11.2、底径4.6、足高0.5、通高6.2厘米（图三八，5）。

标本6，T2⑤：35，残损。黄褐胎。口沿烧偏变形。内壁口沿处有一道凸棱，外壁有拉坯形成的凸棱。浅褐釉，釉色明亮泛金属光泽。实足粘连细石英砂颗粒，内壁口沿粘附窑粘。口径12、底径4.4、足高0.8、通高6.4厘米（图三八，6）。

标本7，T1③：14，残损。红胎。内壁口沿、外壁肩部均有一道凸棱。赭黄釉，外壁有大面积的浅土黄色洒釉层。口径11.6、底径4.2、足高0.6、通高5.4厘米（图三八，7）。

Fb型　3件。玉璧底。玉璧底均粘连细石英砂颗粒。

标本1，H1：7，残损。黑褐胎。黑釉，釉色较亮，有开片现象。口径11、底径4.2、足高0.6、通高6厘米（图三八，8）。

标本2，H3：39，残损。褐胎。器体略烧偏变形，内口有一道凸棱。黑釉，釉色较亮，有细微开片现象。外壁下腹部、玉璧底粘连细石英砂颗粒。口径10.2、底径3.8、足高0.3、通高5.1厘米（图三八，9）。

标本3，H4：7，残损。黄褐胎。黑釉，釉色明亮，有兔毫窑变现象。玉璧底还粘连黄泥颗粒。口径11.4、底径4.8、足高0.8、通高6.6厘米（图三八，10；图版一〇三）。

G型　1件。八折棱盏。敞口，尖唇，八边形口，内收斜弧腹，玉璧底。

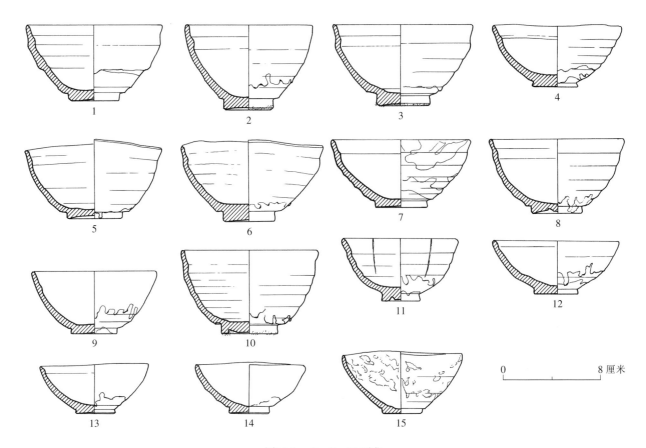

图三八　F、G、H 型盏

1～7. Fa 型盏（H4：10、T2⑦：19、T2⑦：24、T2③：11、T2⑤：20、T2⑤：35、T1③：14）　8～10. Fb 型盏（H1：7、H3：39、H4：7）
11. G 型盏（Y4：3）　12～15. H 型盏（T2⑤：17、H4：31、H4：30、T2⑥：3）

标本 1，Y4：3，完好。黄胎。黑釉，釉色干涩，有开片现象。口径 9.3、底径 3.3、足高 0.6、通高 4.5 厘米（图三八，11；图版一〇四）。

H 型　4 件。敞口，圆唇，内收斜直腹，实足。

标本 1，T2⑤：17，残损。灰胎。黑釉，釉色明亮，有开片现象。口径 10.4、底径 3.6、足高 0.4、通高 4.2 厘米（图三八，12）。

标本 2，H4：31，完好。红胎。深褐釉，釉色干涩，外壁有较多小气孔。口径 9、底径 3.3、足高 0.3、通高 3.8 厘米（图三八，13；图版一〇五）。

标本 3，H4：30，完好。黄褐胎。浅褐釉，釉色木光。口径 9.2、底径 3.4、足高 0.6、通高 4 厘米（图三八，14）。

标本 4，T2⑥：3，完好。红胎。浅褐釉，釉色干涩。有鹧鸪斑窑变现象。实足粘连细石英砂颗粒。口径 10、底径 3.4、足高 0.4、通高 5 厘米（图三八，15）。

4. 盘

13 件。器形近 A 型敞口碗。敞口，圆唇，斜直腹，矮圈足。胎色有灰黄、黄褐、黄、红、红褐、黑褐等。器物先通体施护胎釉，再除外壁下腹部、圈足之外施表层釉，表层釉色有黑、黑褐、酱褐、深褐、浅褐等。有些内底擦去外层釉，有些则旋挖出一圆形凹槽露出胎体形成涩圈，圈足多粘连细小石英砂颗粒。该类碗应采用擦内底釉或涩圈结合砂堆叠烧的方法烧造。

标本 1，T2⑤：39，残损。灰白胎。黑釉，釉色较明亮，有开片现象。外壁下腹部、圈足粘连细石英砂颗粒。口径 15、底径 5.4、足高 0.4、通高 3.7 厘米（图三九，1）。

标本 2，T2⑥：12，残损。灰黄胎。黑釉，釉色干涩，内、外壁有兔毫窑变现象。口径 15、底径 5.4、足高 0.4、通高 4 厘米（图三九，2；图版一〇六）。

标本 3，H4：13，残损。黄胎。黑釉，釉色较亮，有细微开片现象。圈足粘连细石英砂颗粒。口径 14、底径 5.2、足高 0.5、通高 4.2 厘米（图三九，3；图版一〇七）。

标本 4，H4：36，残损。红褐胎。黑釉，釉色较亮，有细微开片现象。圈足粘连细石英砂颗粒。口径 15、底径 5.8、足高 0.6、通高 3.8 厘米（图三九，4）。

标本 5，H3：24，残损。红胎。黑釉，釉色干涩暗淡。圈足粘连细石英砂颗粒。口径 14.7、底径 5.2、足高 0.5、通高 3.8 厘米（图三九，5）。

标本 6，T2⑥：8，残损。红褐胎。酱褐釉。口径 14.6、底径 5.6、足高 0.4、通高 4.2 厘米（图三九，6；图版一〇八）。

标本 7，H1：14，残损。红胎。深褐釉，釉色木光。圈足粘连细石英砂颗粒。口径 14.4、底径 5、足高 0.4、通高 4.2 厘米（图三九，7）。

标本 8，H4：12，完好。黄褐胎。深褐釉，釉色干涩暗淡。口径 14、底径 5、足高 0.4、通高 3.4 厘米（图三九，8）。

标本 9，H4：34，残损。红胎。深褐釉，釉色干涩暗淡。圈足粘连石英砂颗粒。口径 14.4、底径 5.8、足高 0.4、通高 4 厘米（图三九，9）。

标本 10，T2⑦：14，残损。深褐胎。黑褐釉，釉色木光。口径 14.8、底径 5、足高 0.4、通高 4.2 厘米（图三九，10）。

标本 11，T2⑤：26，完好。红胎。浅褐釉，釉色干涩暗淡，有龟裂状缩釉现象。口径 14.6、底径 5.6、足高 0.4、通高 4 厘米（图三九，11）。

标本 12，H4：21，残损。红胎。浅褐釉，釉色干涩木光。内底及外壁下腹部粘连石英砂颗粒。口径 16、底径 5.6、足高 0.6、通高 4 厘米（图三九，12）。

标本 13，T1②：11，残损。红胎。器壁有拉坯形成的凸棱。浅褐釉，釉色木光。口径 17、底径 6.2、足高 0.8、通高 5 厘米（图三九，13）。

5. 碟

17 件。胎色有灰、灰白、黄褐、黄、红、红褐、褐、黑褐、灰褐等。器物先通体施护胎釉，再除外壁下腹部、圈足之外施表层釉，表层釉色有黑、黑褐、酱褐、深褐、浅褐等。根据器形可

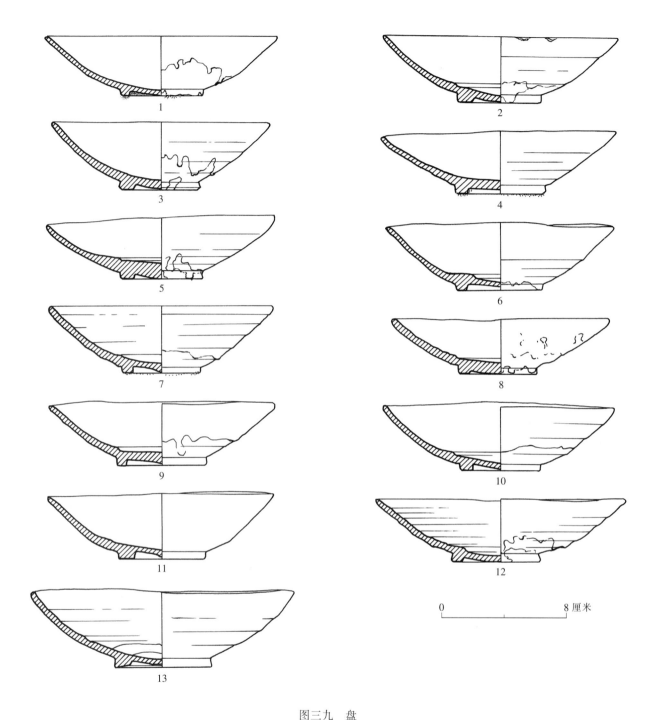

图三九　盘

1～13. 盘（T2⑤：39、T2⑥：12、H4:13、H4:36、H3:24、T2⑥:8、H1:14、H4:12、H4:34、T2⑦:14、T2⑤:26、H4:21、T1②:11）

分为三型。

A 型　4 件。侈口，尖圆唇，内收斜直腹，平底。器物先通体施护胎釉，再除外壁口沿、上腹部、底部之外施表层釉，表层釉色有黑、黑褐、酱褐、深褐等。有些内底还旋挖出一圆形凹槽露出胎体形成涩圈。根据体量大小可分为两亚型。

Aa 型　3 件。体量较大。

标本 1，T3②：14，残损。黄胎。黑釉，釉色干涩，有开片现象。口径 13.6、底径 4.6、高 3 厘米（图四〇，1；图版一〇九）。

标本 2，采：13，残损。红胎。黑釉，釉色干涩。口径 13.8、底径 5.8、高 3.4 厘米（图四〇，2）。

标本 3，T2⑥：17，残损。红褐胎。深褐釉，釉色较亮，有细微开片现象。圈足粘连细石英砂颗粒。口径 14、底径 4.6、高 3.6 厘米（图四〇，3）。

Ab 型　1 件。体量较小。采用垫碟结合砂堆叠烧的方法烧造。

标本 1，Y5：37，残损。白胎。深褐釉，釉色明亮。口径 10、底径 5.2、高 2 厘米（图四〇，4；图版一一〇）。

B 型　2 件。侈口，折沿，尖圆唇，内收斜弧腹，矮圈足。器物先通体施黄色或白色的护胎釉，再除外壁下腹部、圈足之外施表层釉，表层釉色酱褐色。

标本 1，Y5：25，残损。褐胎。酱褐釉，釉色明亮，泛金属光泽。口径 9.6、底径 4.4、足高 0.4、通高 3.5 厘米（图四〇，5）。

标本 2，Y5：24，完好。红胎。素烧器。口径 10、底径 10、足高 0.4、通高 2.8 厘米（图四〇，6）。

C 型　11 件。侈口，折沿，方圆唇，内收斜弧腹，小平底。器物先通体施护胎釉，再除外壁下腹部、平底之外施表层釉，表层釉色有黑、深褐、赭灰等。平底多粘连细石英砂颗粒。

标本 1，H3：33，完好。黄褐胎。黑釉。平底粘连细石英砂颗粒。口径 10、底径 3.6、高 2.4 厘米（图四〇，7）。

标本 2，H3：34，完好。黄褐胎。黑釉，有开片现象。口径 10.8、底径 4.2、高 3.2 厘米（图四〇，8；图版一一一）。

标本 3，T2⑤：12，完好。灰褐胎。黑釉，釉色明亮。口径 10、底径 2.2、高 2.8 厘米（图四〇，9；图版一一二）。

标本 4，T2⑥：27，完好。黄胎。黑釉。口径 8.8、底径 2.8、高 2.4 厘米（图四〇，10；图版一一三）。

标本 5，T2⑥：29，完好。黄胎。黑釉。口径 10.2、底径 3.2、高 2.8 厘米（图四〇，11）。

标本 6，T2⑦：16，残损。黑褐胎。黑釉，釉色明亮，有细微开片现象。口径 10、底径 4.4、高 2.6 厘米（图四〇，12）。

标本 7，T1③：10，残损。灰胎。黑釉，釉色较亮，有细微开片现象。口径 11.8、底径 3.4、高 2.2 厘米（图四〇，13）。

标本 8，Y3：12，完好。灰白胎。黑釉，釉色明亮，有开片现象。口径 10.4、底径 3.2、高 2.6 厘米（图四〇，14；图版一一四）。

标本 9，T2⑦：15，完好。黄胎。深褐釉，釉色干涩，木光。口径 10、底径 3.8、高 2 厘米

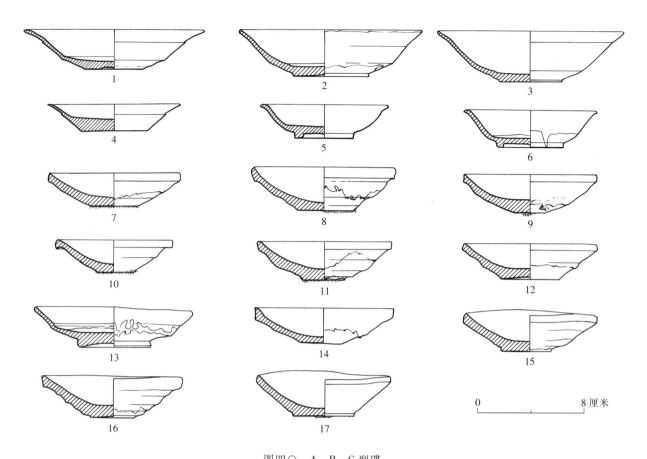

图四〇　A、B、C 型碟

1~3. Aa 型碟（T3②：14、采：13、T2⑥：17）4. Ab 型碟（Y5：37）5~6. B 型碟（Y5：25、Y5：24）7~17. C 型碟（H3：33、H3：34、T2⑤：12、T2⑥：27、T2⑥：29、T2⑦：16、T1③：10、Y3：12、T2⑦：15、H4：32、T2⑦：11）

（图四〇，15）。

标本 10，H4：32，完好。红胎。赭灰釉，釉色干涩暗淡。口径 10.6、底径 3.2、高 3 厘米（图四〇，16）。

标本 11，T2⑦：11，残损。红胎。素烧器。口径 10.2、底径 4.6、高 3.4 厘米（图四〇，17）。

6. 壶

12 件。胎色有灰白、黄褐、黄、红、黑褐、黑、灰褐等。器物先通体施护胎釉，外壁口沿至上腹部、内壁颈以上均施表层釉，表层釉色有黑、浅褐等，以黑为主。根据器形可分为五类，即束颈执壶、葫芦形壶、平肩壶、扁腹壶、倒流壶。

（1）束颈执壶

5 件。侈口，圆唇，束颈，斜肩，直腹，下腹部斜弧内收，外撇圈足，口肩之间附一条形柄，颈肩之间附双条形系，上腹部有一管状长曲流。根据体量大小可分为两型。

A 型　2 件。体量较大。

标本 1，T2④：9，残损。灰胎。黑釉，釉色木光，有开片现象。口径 4.4、腹径 7.8、底径

5.4、高14.2厘米（图四一，1）。

标本2，T3②：6，残损。灰胎。黑釉，釉色木光，内壁颈部有油滴窑变现象。口径4.8、腹径7.4、底径4.2、高15厘米（图四一，2；图版一一五）。

B型　3件。体量较小。

标本1，T1①：1，残损。灰白胎。黑釉，釉色干涩，有细微开片现象。口径3.6、腹径8、底径5.6、高12.6厘米（图四一，3；图版一一六）。

标本2，T1③：4，残损。灰白胎。黑釉，釉色干涩，有细微开片现象。口径4.6、腹径7.4、底径4.4、高12厘米（图四一，4）。

标本3，Y3：19，残损。褐胎。口沿烧偏变形。浅褐釉。口径4.8、腹径7、底径5.2、高11.6厘米（图四一，5）。

（2）葫芦形壶

1件。器形近葫芦形。直口，圆唇，束颈，斜直肩，斜直腹，下腹部斜直内收，圈足，颈肩之间附双条形系，腹部有流、柄。

标本1，采：42，流、柄已残佚。黑褐胎。先通体施黄色护胎釉，除外壁下腹部、圈足外再施黑釉，釉色较亮。口径4、腹径8.2、底径4.6、高11.4厘米（图四一，6）。

（3）平肩壶

1件。肩部斜直。敞口，圆唇，束颈，斜直肩，斜直腹，下腹部斜直内收，圈足，颈肩之间附双条形系，颈腹之间附一宽条形柄，腹部有流。

标本1，H1：25，流已残佚。黑褐胎。先通体施黄色护胎釉，除外壁下腹部、圈足外再施黑釉，釉色较亮。口径4.4、腹径9、底径5、高12.2厘米（图四一，7）。

（4）扁腹壶

4件。圆方唇，喇叭口，束颈，溜肩或斜直肩，鼓腹，最大径在罐身下腹部，圈足，口肩之间附条形柄，肩颈之间附双条形系，腹部有流。根据肩部形态可分为二型。

A型　3件。溜肩。

标本1，H3：6，残损。灰褐胎。黑釉，釉色干涩，有明显缩釉现象。口径5.4、腹径11.6、底径6.6、高12.1厘米（图四一，8）。

标本2，T2⑤：9，残损。黄胎。黑釉，釉色干涩。口径5、腹径10、底径6.2、高10.6厘米（图四一，9）。

标本3，T2⑤：10，残损。黄胎。口沿烧偏变形。黑釉，釉色干涩。外壁粘连大块泥土颗粒。口径5、腹径8.8、底径5.4、高10.8厘米（图四一，10）。

B型　1件。斜直肩。

标本1，T2④：4，残损。黑褐胎。黑釉，釉色干涩，有细微开片现象。口径5.6、腹径11.2、底径6.2、高10.8厘米（图四一，11；图版一一七）。

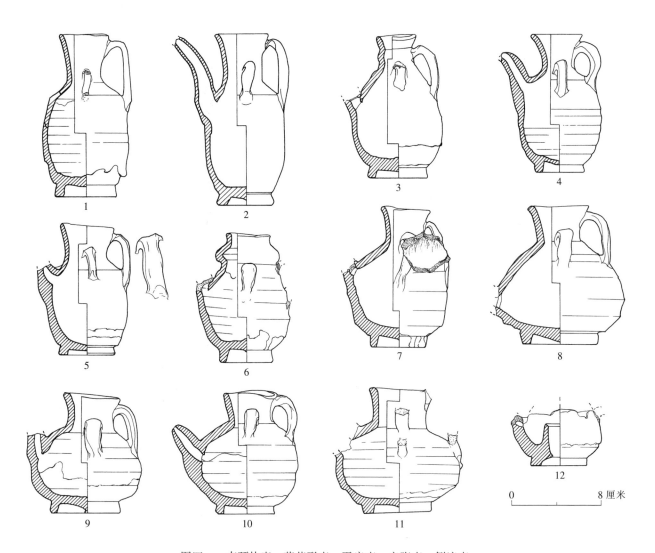

图四一　束颈执壶、葫芦形壶、平肩壶、扁腹壶、倒流壶

1～2. A 型束颈执壶（T2④：9、T3②：6）3～5. B 型束颈执壶（T1①：1、T1③：4、Y3：19）6. 葫芦形壶（采：42）7. 平肩壶（H1：25）8～10. A 型扁腹壶（H3：6、T2⑤：9、T2⑤：10）11. B 型扁腹壶（T2④：4）12. 倒流壶（Y1：2）

（5）倒流壶

1 件。斜弧腹，下腹部斜直内收，空心圈足，器物内部有一空心柱状管直通底部。

标本 1，Y1：2，残损，口沿至上腹部残佚，流损坏。黑胎。外壁腹部施黑釉，釉面有酱色釉窑变，下腹部至底部出露灰白色护胎釉，内壁施红色护胎釉。腹径 8、底径 5、现高 5.2 厘米（图四一，12）。

7. 杯

14 件。根据器形可分为两类，即圈足小杯、高足杯。

（1）圈足小杯

9 件。敛口，圆尖唇，内收斜弧腹，圈足。胎色有灰白、灰黄、红、褐、灰褐等。器物先通体施护胎釉，再除外壁圈足之外施表层釉，有些外壁下腹部也不施表层釉，表层釉色有黑、酱褐、赭黄、赭灰等，最后擦去口沿釉层形成盲口。采用垫圈＋对烧＋装匣仰烧的方法烧造。根据圈足形态分为两型。

A型　4件。圈足挖足过肩。

标本1，T2⑤∶22，残损。灰褐胎。黑釉，釉色明亮，外壁有兔毫窑变现象。口径8、底径4.8、足高0.6、通高5厘米（图四二，1）。

标本2，T3②∶2，完好。灰白胎。黑釉，釉色干涩，内外壁有兔毫窑变现象。口径8.6、底径4.8、足高0.6、通高6厘米（图四二，2；图版一一八）。

标本3，Y3∶9，残损。褐胎。赭黄釉。口径8.2、底径4.4、足高0.6、通高5.4厘米（图四二，3；图版一一九）。

标本4，H1∶30，完好。红胎。赭灰釉，釉色干涩，有缩釉现象。口径9、底径4.4、足高0.6、通高4.8厘米（图四二，4）。

B型　5件。圈足未挖足过肩。

标本1，H3∶29，完好。褐胎。外壁有2道拉坯形成的凸棱。黑釉，釉色暗淡，釉层较厚。口径8、底径4.6、足高0.6、通高4.4厘米（图四二，5）。

标本2，T2⑤∶21，完好。灰褐胎。酱褐釉，釉色干涩，内壁有兔毫窑变现象，外壁有蓝色窑变现象。外壁粘连炉渣。口径8.4、底径5、足高0.4、通高5厘米（图四二，6）。

标本3，H4∶43，残损。红胎。酱褐釉，釉色干涩。口径8.2、底径5、足高0.6、通高5.4厘米（图四二，7）。

标本4，H1∶9，完好。红胎。赭黄釉，釉色干涩，有缩釉现象。口径8.4、底径4.8、足高0.6、通高4.6厘米（图四二，8）。

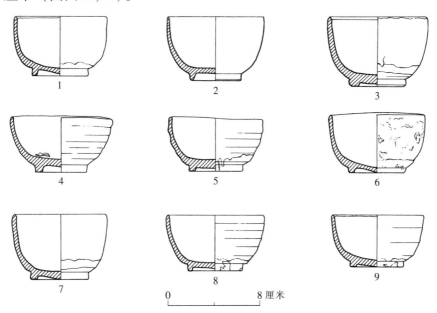

图四二　A、B型圈足小杯

1~4.A型圈足小杯（T2⑤∶22、T3②∶2、Y3∶9、H1∶30）　5~9.B型圈足小杯（H3∶29、T2⑤∶21、H4∶43、H1∶9、T2⑤∶19）

标本5，T2⑤：19，完好。红胎。赭黄釉，釉色干涩。口径8、底径4.8、足高0.5、通高4.4厘米（图四二，9；图版一二○）。

（2）高足杯

5件。侈口或敞口，圆唇，斜弧腹，高足，足内底旋挖出一圆锥形。胎色有黄、黑褐等，以黑褐为主。器物先通体施护胎釉，再除高足下半部之外施表层釉，表层釉色均为浅褐色。根据器形可分为三型。

A型　3件。侈口，高足底缘削棱一周。

标本1，采：2，残损。黑褐胎。釉色木光。口径12、底径5、足高4.1、通高10厘米（图四三，1）。

标本2，采：3，残损。黑褐胎。釉色明亮。口径12.2、底径4.6、足高3.8、通高9.2厘米（图四三，2）。

标本3，H1：22，残损。黑褐胎。口径13、底径4.4、足高4、通高9.8厘米（图四三，3；图版一二一）。

B型　1件。敞口，高足外壁中部有一道浅槽，底缘削棱一周。

标本1，T2⑥：39，残损。黑褐胎。釉色较亮。口径11.8、底径4.6、足高3.8、通高9.4厘米（图四三，4；图版一二二）。

C型　1件。侈口，高足外壁有2道凸棱。

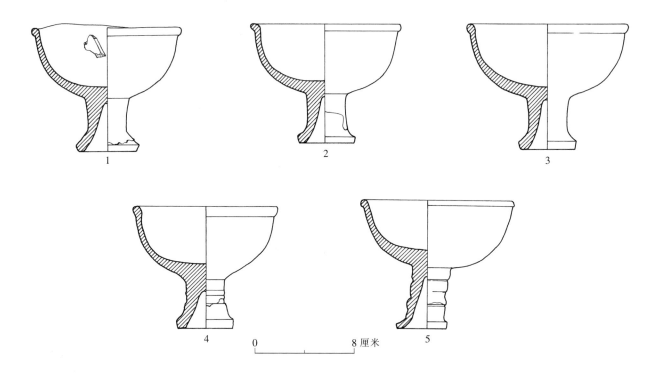

图四三　A、B、C型高足杯
1~3. A型高足杯（采：2、采：3、H1：22）4. B型高足杯（T2⑥：39）5. C型高足杯（采：1）

标本 1，采∶1，残损。黄胎。口径 12.2、底径 4、足高 4.8、通高 10 厘米（图四三，5）。

8. 罐

28 件。此次发掘的大宗器物。器类比较丰富。根据器形可分为三类，即双系罐、带流罐、无流系罐。

（1）双系罐

13 件。胎色有灰、红、褐、黑褐、灰褐等，以灰褐为主。器物先通体施护胎釉，再除外壁下腹部、圈足之外施表层釉，表层釉色有黑、黑褐、深褐等，以黑为主，有些还擦去口沿釉层形成盲口。有些外壁下腹部、圈足粘连细石英砂颗粒。推测采用对烧＋套烧的方法烧造。根据器形及体量大小可分为五型。

A 型　6 件。敛口，方唇，外撇斜直颈，溜肩，鼓腹，最大径在罐身中部，颈肩附双条形宽系，矮圈足。

标本 1，H3∶4，残损。灰褐胎。黑釉，釉色暗淡，有细微开片现象。口径 10、腹径 14.2、底径 8、高 14.4 厘米（图四四，1）。

标本 2，H3∶5，残损。灰褐胎。黑釉，有细微开片现象。盲口。口径 9.8、腹径 14.9、底径 7.6、高 15.4 厘米（图四四，2；图版一二三）。

标本 3，T2⑤∶2，残损。灰褐胎。黑釉，盲口，外壁下腹部有龟裂状缩釉现象。口径 9.6、腹径 14、底径 7.2、高 14.8 厘米（图四四，3）。

标本 4，T2⑤∶4，残损。灰胎。黑釉，盲口，釉色干涩。口径 10.6、腹径 14.8、底径 6.6、高 14.4 厘米（图四四，4；图版一二四）。

标本 5，T2⑦∶2，完好。灰褐胎。黑釉，釉色干涩，盲口，有开片现象。口径 10.4、腹径 14.4、底径 7.6、高 13.8 厘米（图四四，5；图版一二五）。

标本 6，T2⑤∶3，残损。红胎。黑褐釉，盲口。口径 10.4、腹径 14.2、底径 7、高 14.8 厘米（图四四，6）。

B 型　1 件。器形近 A 型，体量较 A 型小，条形系位于口肩之间。

标本 1，T2④∶5，残损。黑褐胎。黑釉，釉色明亮。盲口。口径 7、腹径 9、底径 5.8、高 10.8 厘米（图四四，7；图版一二六）。

C 型　3 件。器形近 A 型，体量较 B 型小，条形系位于口肩之间。根据口沿形态可分为二亚型。

Ca 型　1 件。敞口，卷沿。

标本 1，T1③∶3，残损。黑褐胎。黑釉，釉色明亮。外壁下腹部、圈足粘连细石英砂颗粒。口径 7.2、腹径 10、底径 6、高 9.2 厘米（图四四，8）。

Cb 型　2 件。敛口。

标本1，T2④：11，完好。红胎。深褐釉，釉色干涩暗淡。外壁下腹部、圈足粘连一层细小石英砂颗粒。口径6、腹径8、底径4.6、高7厘米（图四四，9）。

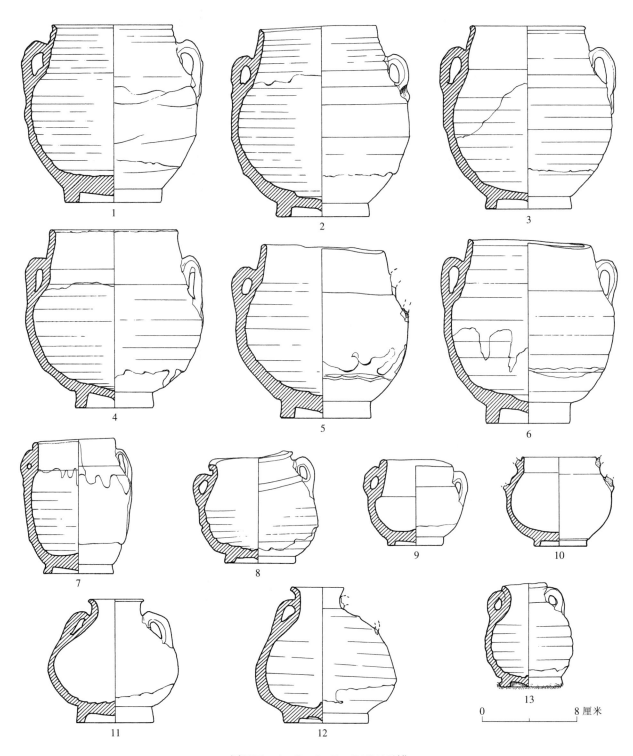

图四四　A、B、C、D、E 型双系罐

1～6. A 型双系罐（H3：4、H3：5、T2⑤：2、T2⑤：4、T2⑦：2、T2⑤：3）7. B 型双系罐（T2④：5）8. Ca 型双系罐（T1③：3）9～10. Cb 型双系罐（T2④：11、T3①：1）11～12. D 型双系罐（T2④：2、采：43）13. E 型双系罐（H4：49）

标本 2，T3①：1，残损。红胎。深褐釉，盲口，釉色干涩。口径 6.4、腹径 8.8、底径 4.4、高 7.2 厘米（图四四，10；图版一二七）。

D 型　2 件。侈口，尖唇，束颈，斜弧肩，斜直腹，最大径在器身中腹部，下腹部斜直内收，圈足，颈肩之间附双条形宽系。

标本 1，T2④：2，完好。黄褐胎。黑釉，釉色干涩，有明显开片现象。口径 4.6、腹径 11、底径 6.6、高 10 厘米（图四四，11；图版一二八）。

标本 2，采：43，残损。褐胎。器体烧偏变形。肩腹部有拉坯形成的凸棱。黑釉。口径 4.4、腹径 11.8、底径 7、高 11 厘米（图四四，12）。

E 型　1 件。喇叭口，尖圆唇，束颈，溜肩，鼓腹，最大径在罐身中部，不规整矮圈足，口肩之间附双条形系。推测采用垫圈 + 装匣仰烧或套烧的方法烧造。

标本 1，H4：49，略残。黄褐胎。器体略烧偏变形，肩部有一系歪斜。器物肩部和腹部有 2 道凸棱。黑釉，釉色较亮，有细微开片现象。圈足粘连细石英砂颗粒。口径 3.8、腹径 7.2、底径 5.4、高 8.2 厘米（图四四，13）。

（2）带流罐

11 件。胎色有红、褐、黑褐等，以红为主。器物先通体施护胎釉，再除内壁、外壁下腹部、圈足之外施表层釉，表层釉色有黑褐、酱褐、深褐等。根据器形及体量大小可分为五型。

A 型　2 件。侈口，圆唇，束颈，溜肩，斜弧腹，最大径在罐身上腹部，圈足或平底，颈肩之间附双条形宽系，颈腹之间附条形柄，口沿有短流。

标本 1，Y5：7，残损。褐胎。深褐釉，釉色泛金属光泽。口径 10、腹径 16.6、底径 10.8、高 18.4 厘米（图四五，1）。

标本 2，采：10，残损。红胎。素烧器。外壁肩、腹部有火焰灼烧形成的黑色痕迹。口径 12、腹径 16.5、底径 8、高 17.8 厘米（图四五，2）。

B 型　4 件。器形近 A 型，体量较 A 型小。

标本 1，T2④：6，残损。黑褐胎。酱褐釉，釉色木光。口径 8.6、腹径 10、底径 5.8、高 14.2 厘米（图四五，3；图版一二九）。

标本 2，T2⑥：6，残损。红胎。酱褐釉，釉层较薄。口径 9.2、腹径 11.2、底径 7、高 13.8 厘米（图四五，4）。

标本 3，Y5：3，残损。褐胎。器体烧偏变形。深褐釉，釉色明亮。口径 7.8、腹径 14.2、底径 8.2、高 14 厘米（图四五，5）。

标本 4，Y5：4，残损。红胎。深褐釉，釉色干涩。口径 7.6、腹径 11.8、底径 6.8、高 14.8 厘米（图四五，6）。

C 型　3 件。器形近 A 型，体量较 B 型小。

标本 1，Y1：26，残损。褐胎。黑褐釉，釉色泛金属光泽。口径 7.8、腹径 9.4、底径 5.6、

图四五　A、B、C、D、E型带流罐

1~2. A型带流罐（Y5:7、采:10）3~6. B型带流罐（T2④:6、T2⑥:6、Y5:3、Y5:4）7~9. C型带流罐（Y1:26、采:6、
T2⑥:25）10. D型带流罐（采:9）11. E型带流罐（采:8）

高 10.4 厘米（图四五，7）。

标本 2，采:6，残损。红胎。黑褐釉，釉色干涩。口径 5.8、腹径 7.8、底径 5.6、高 8.4 厘米（图四五，8）。

标本 3，T2⑥:25，完好。黑褐胎。深褐釉，釉层较薄。口径 7.2、腹径 8.6、底径 5、高 10.6 厘米（图四五，9；图版一三〇）。

D 型　1 件。扁腹罐。平口微敛，溜肩，斜弧腹，最大径在罐身中腹部，圈足，肩部有宽流，肩腹之间附条形柄。

标本 1，采:9，残损。黑褐胎。深褐釉，釉色明亮。口径 7.8、腹径 13.4、底径 8.6、高 14.8 厘米（图四五，10）。

E 型　1 件。直口，方唇，斜直颈，溜肩，斜弧腹，最大径在罐身上腹部，平底，颈腹之间附柄，口沿有一极小短流。

标本 1，采:8，柄已残佚。红泥胎。肩部和腹部有修坯留下的痕迹，底部有拉坯形成的弦纹。黑褐釉，釉色泛金属光泽。口径 7.8、腹径 10.4、底径 5.2、高 10.8 厘米（图四五，11）。

（3）无流系罐

4 件。胎色有褐、黑等。器物先通体施护胎釉，再除外壁下腹部、圈足之外施表层釉，表层釉色有黑、酱褐、深褐、浅褐等。根据器形及体量大小可分为三型。

A 型　2 件。鼓肩罐。侈口，圆唇，折沿，斜直颈，鼓肩，斜直腹，圈足，最大腹径在肩腹交接处。根据体量大小可分为二亚型。

Aa 型 1 件。体量较大。

标本 1，Y1:6，残损。褐胎。黑釉。外壁肩颈处有两道弦纹。口径 10.4、腹径 20、底径 8.6、高 22 厘米（图四六，1）。

Ab 型 1 件。体量较小。

标本 1，Y5:2，残损。褐胎。圈足底缘削棱一周。内壁肩部、腹部和内底有拉坯形成的多道凸棱。浅褐釉。口径 7.6、腹径 13、底径 7.7、高 12.2 厘米（图四六，2）。

B 型　1 件。筒形深腹罐。直口，圆唇，直颈，溜肩，斜弧腹，圈足。

标本 1，H4:39，残损。黑胎。深褐釉，釉色明亮，泛金属光泽。口径 8.8、腹径 13.4、底径 7.6、高 14 厘米（图四六，3；图版一三一）。

C 型　1 件。八折棱罐。直口，圆唇，直颈，溜肩，八棱直腹，圈足。

标本 1，采:45，略残。灰褐胎。酱褐釉。口径 6、腹径 8、底径 4.8、高 6.8 厘米（图四六，4）。

9. 盏

1 件。直口，直腹，下腹部斜直内收，圈足外撇。推测采用搭烧＋对烧的方法烧造。

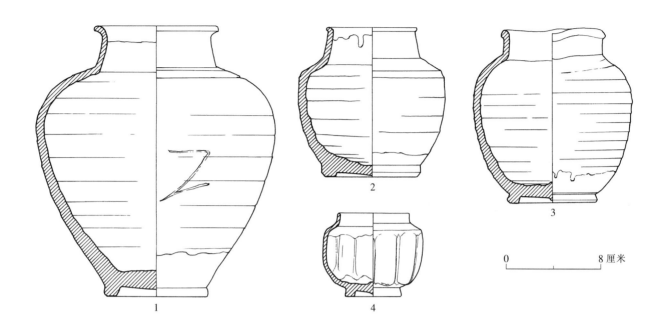

图四六　A、B、C 型无流系罐
1. Aa 型无流系罐（Y1∶6）2. Ab 型无流系罐（Y5∶2）3. B 型无流系罐（H4∶39）4. C 型无流系罐（采∶45）

标本 1，Y3∶18，残损。灰褐胎。外壁有拉坯形成的凸棱。器表施酱褐釉，釉色明亮，口沿、内底、圈足擦釉露胎。外壁腹部压印一周三角条纹装饰带。内壁粘连酱褐釉瓷片。口径 15、腹径 14.4、底径 8.6、高 8 厘米（图五〇，2；图版一三二）。

10. 研磨器

4 件。根据器形可分为三型。

A 型　1 件。大盆形研磨器。敞口，宽沿，斜弧腹，平底，口沿处有一短流，内壁密布浅线刻槽。

标本 1，T2④∶35，残损。红胎。外壁有拉坯形成的凸棱。器物口沿内、外壁施酱釉，釉色明亮。口径 29、底径 9、高 12.6 厘米（图四七，1）。

B 型　2 件。小盆形研磨器。敞口，宽沿，斜弧腹，平底，内壁密布浅线刻槽。除口沿施釉外，其余部位不施釉。

标本 1，H1∶11，残损。黑色缸胎。黑釉。外底粘连细石英砂颗粒。口径 13.8、底径 4.8、高 6.2 厘米（图四七，2）。

标本 2，H4∶26，残损。红胎。浅褐釉。外壁有拉坯形成的凸棱。口径 19、底径 7.2、高 7.6 厘米（图四七，3）。

C 型　1 件。钵形研磨器。敛口，圆唇，斜弧腹，最大径在上腹部，平底，底缘略外撇，腹部附条形宽把，把上宽下窄，内壁有 6 组浅线刻槽。

标本 1，Y5∶45，残损。灰褐胎。腹部有拉坯形成的凸棱。外壁施深褐釉，釉色木光，内壁

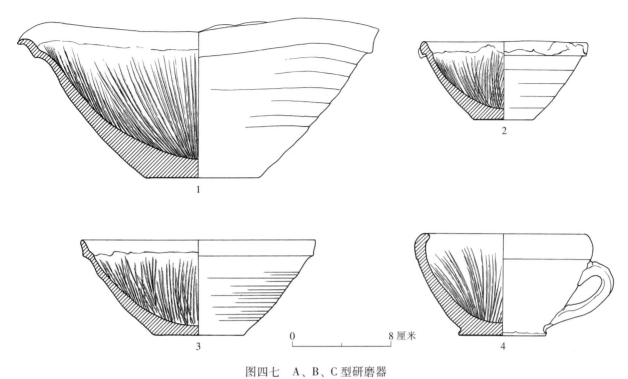

图四七 A、B、C型研磨器

1. A型研磨器（T2④:35）2～3. B型研磨器（H1:11、H4:26）4. C型研磨器（Y5:45）

出露灰褐色护胎釉。口径13.8、底径7.2、高8厘米（图四七，4）。

11. 瓶

11件。胎色有灰、灰白、灰黄、灰黑、黄褐、红、红褐、黑褐、黑等。器物先通体施护胎釉，再除外壁下腹部、圈足之外施表层釉，表层釉色有黑、酱褐等，以黑为主。根据器形可分为五型。

A型 6件。长颈瓶。侈口，圆唇，长束颈，溜肩，斜弧腹，最大径在下腹部，高圈足。表层釉均为黑釉。

标本1，H1:24，残损。红褐胎。釉层有开片现象。外壁下腹部粘连细石英砂颗粒。口径7.2、腹径12.2、底径8、高24厘米（图四八，1）。

标本2，T2④:8，口沿残损。灰褐胎。器体烧偏变形。外壁有鹧鸪斑窑变现象。腹径11、底径7.2、高16.4厘米（图四八，2；图版一三三）。

标本3，T2⑦:8，完好。黑褐胎。釉色干涩，有开片现象。口径6.6、腹径12、底径8、高21.4厘米（图四八，3；图版一三四）。

标本4，T2⑦:9，口沿残损。黑褐胎。釉色干涩，有开片现象。腹径9.2、底径5.8、高18.6厘米（图四八，4）。

标本5，T1③:7，口沿残损。灰褐胎。釉色木光，有细微开片现象。腹径12、底径7.4、高22厘米（图四八，5）。

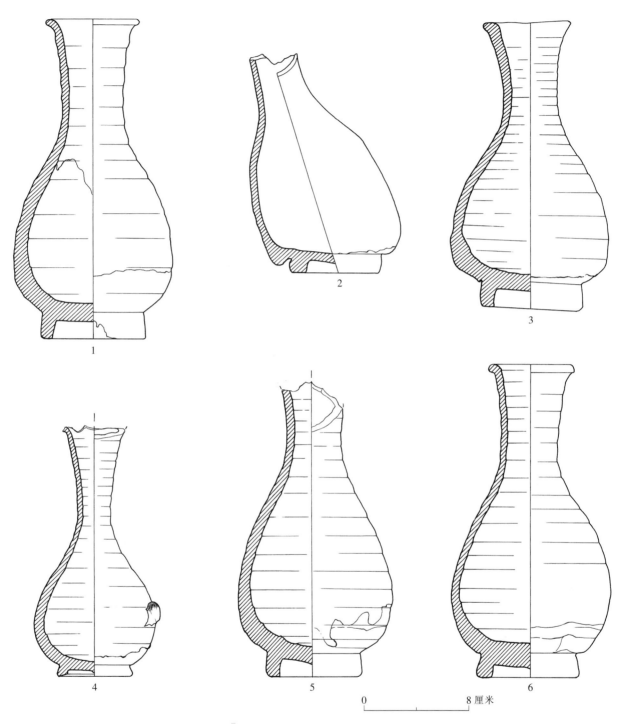

图四八　A 型瓶
1～6. A 型瓶（H1：24、T2④：8、T2⑦：8、T2⑦：9、T1③：7、T1③：8）

　　标本 6，T1③：8，残损。灰白胎。釉色干涩，有开片现象。口径 6.6、腹径 12.2、底径 8、高 23.4 厘米（图四八，6）。

　　B 型　1 件。花口瓶。五瓣花口，尖唇，直颈，鼓腹，最大径在下腹部，高圈足，圈足底缘外撇。

标本 1，H4：5，略残。红褐胎。黑釉。口径 5.2、腹径 7.6、底径 4.4、高 15.2 厘米（图四九，1）。

C 型　1件。纸槌瓶。侈口，圆唇，直颈，斜肩，直腹，高圈足，圈足底缘削棱一周，颈肩之间附双"S"形系。

标本 1，采：41，残损。褐胎。器体烧偏变形。黑釉。口径 6、腹径 8.4、底径 6.2，高 16 厘米（图四九，2）。

D 型　2件。尊瓶。敞口，圆唇，斜直腹，下腹部鼓腹，最大径在下腹部，高圈足，圈足挖足过肩。

标本 1，T2④：7，残损。红褐胎。黑釉，釉色干涩暗淡，内壁口沿至颈部有蓝色、乳白色窑变现象。口径 5.7、腹径 10、底径 5.6、高 14.4 厘米（图四九，3）。

标本 2，T2⑦：10，略残。黑褐胎。黑釉，釉色干涩，内壁口沿至颈部有白色、蓝色窑变现

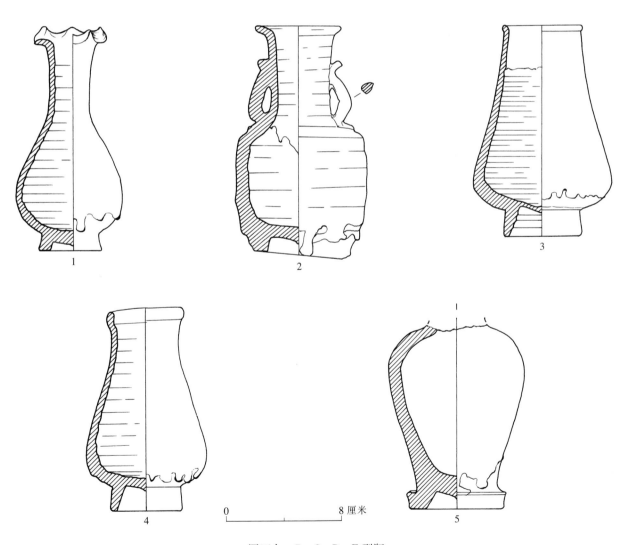

图四九　B、C、D、E 型瓶

1. B 型瓶（H4：5）2. C 型瓶（采：41）3～4. D 型瓶（T2④：7、T2⑦：10）5. E 型瓶（H1：23）

象。圈足粘连细石英砂颗粒。口径 5.4、腹径 8.4、底径 5、高 14 厘米（图四九，4；图版一三五）。

E 型　1 件。广肩瓶。溜肩，斜直腹，最大径在肩腹交接处，高圈足，圈足外侈，挖足过肩。

标本 1，H1：23，口沿、颈部残佚。灰褐胎。酱褐釉。肩径 9.6、底径 7、现高 13 厘米（图四九，5）。

12. 花插

1 件。五管钵形花插。侈口，方唇，口沿外折，斜直腹，下腹部斜直内收，最大径在下腹部，矮圈足，器物内底有 5 根空心插管，插管上小下大，长短不一。

标本 1，T2⑦：1，2 根插管残佚。黑褐胎。除圈足外通体施黑釉，釉色较亮，有细微开片现象。口径 16、腹径 12、底径 6.8、插管高 6.2~7.2、通高 8.8 厘米（图五〇，1；图版一三六）。

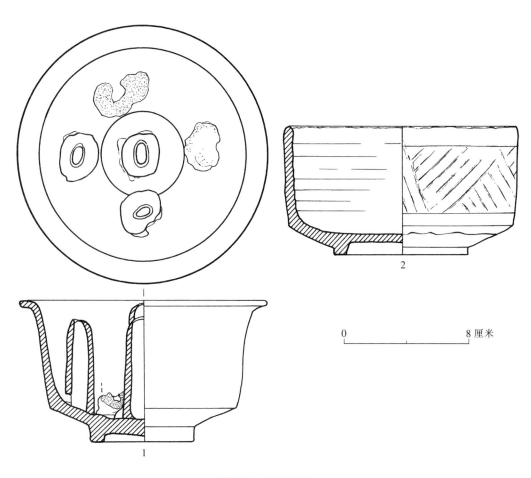

0　　　　　　　　　8 厘米

图五〇　花插及盈
1. 花插（T2⑦：1）2. 盈（Y3：18）

13. 香炉

6件。胎色有红、褐、红褐、灰褐等。根据器形及体量大小可分为三型。

A 型　1件。扁鼓腹炉。侈口，尖圆唇，口沿外折，斜直颈，鼓肩，内收斜弧腹，最大径在肩腹交接处，圜底，3兽蹄足。

标本1，采：40，残损。灰褐胎。除下腹部、圈足外通体施黑釉，釉色较亮。口径23.4、腹径26、底径16、足高4.4、通高15.2厘米（图五一，1）。

B 型　4件。扁尖腹炉。侈口，圆唇，口沿外折，束颈，鼓肩，内收斜直腹，最大径在肩腹交接处，平底，3块状足。先通体施黄色或红褐色护胎釉，除外壁下腹部、内外底、3足再施黑釉。

标本1，T2⑤：40，残损。灰褐胎。护胎釉黄色。黑釉，釉色较亮。口径16.2、腹径15.2、足高1.6、通高6.6厘米（图五一，2；图版一三七）。

标本2，T2⑤：41，3足残佚。褐胎。口径16、腹径15.4、现高5.4厘米（图五一，3）。

标本3，H4：37，残损。褐胎。护胎釉红褐色。口径15.4、腹径14.8、足高2、通高6.4厘米（图五一，4）。

标本4，H4：38，2足残佚。红褐胎。护胎釉黄色。表层釉黑釉，釉色木光，外壁下腹部有少许蓝色窑变。口径17、腹径15.4、足高2、通高6.4厘米（图五一，5）。

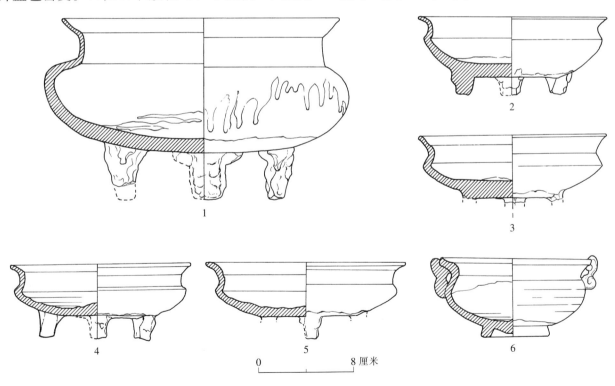

图五一　A、B、C 型香炉

1. A 型香炉（采：40）2~5. B 型香炉（T2⑤：40、T2⑤：41、H4：37、H4：38）6. C 型香炉（T2④：36）

C 型　1件。篆式炉。侈口，方唇，口沿外折，束颈，鼓肩，内收斜弧腹，最大径在肩腹交接处，圈足，圈足外撇，挖足过肩，口沿、肩之间附双"S"形系。

标本1，T2④:36，残损。褐胎。先施红褐色护胎釉，再从口沿至外壁下腹部、内壁口沿至颈部以及双系施酱红釉，釉色干涩。口径13、腹径12、底径6、高6.5厘米（图五一，6；图版一三八）。

14. 灯

2件。敛口，溜肩，内收斜弧腹，束腰实心灯擎，盏形托盘，平底，肩腹之间附把，上腹部附管状灯嘴。胎色有褐、黑二种。

标本1，Y1:3，残损。黑缸胎。底部平坦。先通体施红褐色护胎釉，再除底部施深褐釉，釉色泛金属光泽。托盘内壁粘连细石英砂颗粒。口径2.8、腹径6.6、底径5.8、高9厘米（图五二，1；图版一三九）。

标本2，Y5:41，灯体上部残佚。褐胎。平底内凹。外壁除底部施深褐釉。高6.6厘米（图五二，2）。

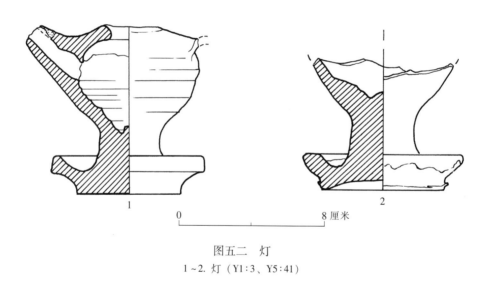

图五二　灯
1~2. 灯（Y1:3、Y5:41）

15. 灯盏

6件。胎色有黄褐、红等，以红为主。先通体施酱褐色护胎釉，内壁、口沿、外壁上腹部再施表层釉，表层釉色有黑、深褐、浅褐等。根据器形可分为二型。

A 型　5件。红胎。敛口，尖圆唇，宽斜沿，内收斜直腹，平底。

标本1，H1:17，残损。深褐釉，釉色泛金属光泽。口径7、底径4.8、高1.8厘米（图五三，1）。

标本2，H4:1，完好。浅褐釉。口径7.2、底径4.2、高1.8厘米（图五三，2）。

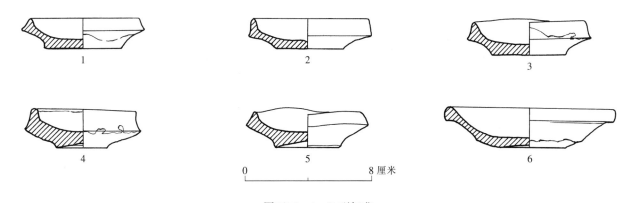

图五三　A、B型灯盏
1~5. A型灯盏（H1：17、H4：1、H4：2、Y1：28、采：34）6. B型灯盏（Y1：27）

标本3，H4：2，残损。浅褐釉。口径7、底径4.6、高2.2厘米（图五三，3）。

标本4，Y1：28，残损。浅褐釉。平底略内凹。口径6.6、底径3.2、高2.4厘米（图五三，4）。

标本5，采：34，完好。器口略烧偏变形。浅褐釉，釉面干涩木光。外壁口沿粘附一段圆弧形黑色窑粘。口径7.7、底径4.2、高2.4厘米（图五三，5）。

B型　1件。侈口，厚圆唇，斜直腹，下腹部斜直内收，平底略内凹。

标本1，Y1：27，残损。黄胎。黑釉。内壁、外壁下腹部、底部粘连细石英砂颗粒。口径10.8、底径5.8、高2.4厘米（图五三，6）。

16. 砚滴

2件。喇叭口，束颈，溜肩，内收斜弧腹，最大径在中腹部，平底，颈腹间附把，均残佚，上腹部附管状直流。胎色有褐、红二色。外壁除下腹部、底部均施酱褐釉，内壁口沿至颈部也施酱褐釉，釉色泛金属光泽。

标本1，Y1：4，残损。红胎。腹部烧偏变形。口径3.6、腹径8、底径4.4、高6.8厘米（图五四，1）。

标本2，Y1：5，残损。褐胎。口径4、腹径6.4、底径4.4、高6厘米（图五四，2；图版一四○）。

17. 器盖

7件。根据器形可分为五型。

A型　2件。倒置碗形器盖。圈足式把手，外撇斜弧腹，最大径在下腹部，外侈宽底沿。除把手、外壁上腹部和内壁底部均施深褐釉，釉层较薄，泛金属光泽。

标本1，T2⑥：21，略残。黄褐胎。口径7.2、腹径16、底径19.2、高5.2厘米（图五五，1）。

标本2，H1：20，略残。黄褐胎。口径7、腹径14、底径18.8、高5.4厘米（图五五，2）。

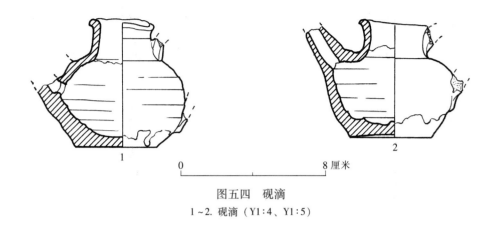

图五四　砚滴

1~2. 砚滴（Y1:4、Y1:5）

B 型　1件。笠帽形罐盖。

标本 1，Y3:15，略残。灰白胎。圆拱顶，外侈宽沿，最大径在宽沿处。通体施酱褐釉，釉色干涩暗淡。最大径 10.8、底径 8、高 3 厘米（图五五，3）。

C 型　1件。带纽笠帽形罐盖。

标本 1，采:44，略残。灰褐胎。器形接近 B 型，拱顶弧度要小些，顶部正中附蜷曲的条形纽。外壁施黑釉，釉色干涩暗淡。最大径 14.2、底径 11.2、高 5.6 厘米（图五五，4）。

D 型　2件。宝珠纽器盖，可能是罐盖①。褐胎。宝珠纽，宽展沿，矮突榫。外壁施酱褐釉，内壁露胎。根据器形可分为二亚型。

Da 型　1件。展沿斜直，较厚，外壁有 2 道凹槽。

标本 1，Y5:46，略残。最大径 7.4、底径 3.4、高 4 厘米（图五五，5；图版一四一）。

Db 型　1件。展沿平直，较薄。

标本 1，Y5:42，略残。最大径 8、底径 3.4、高 2 厘米（图五五，6）。

E 型　1件。塔式纽器盖。

标本 1，T2⑤:6，略残。深褐胎。三级宝珠纽，宽展沿，矮突榫。突榫不施釉，先通体施白色护胎釉，再施黑釉，釉色较干。突榫粘连细石英砂颗粒。最大径 8、底径 4.6、高 5.6 厘米（图五五，7）。

18. 流

2件。褐胎。管状"S"形长曲流，缠附泥条状堆塑，外壁施酱褐釉，有金属光泽。

标本 1，Y5:38。内径 1、外径 2、长 8.4 厘米（图五六，1）。

标本 2，Y5:39。内径 1、外径 2、长 8.6 厘米（图五六，2）。

---

① D 型器盖形制与重庆涂山窑小湾窑址出土的 Dc 型（1986Y3:20）、E 型（1986Y3:18）黑釉无耳罐罐盖相近。重庆市文物考古所编著：《重庆涂山窑》，科学出版社，2006 年，第 323 ~ 324 页。

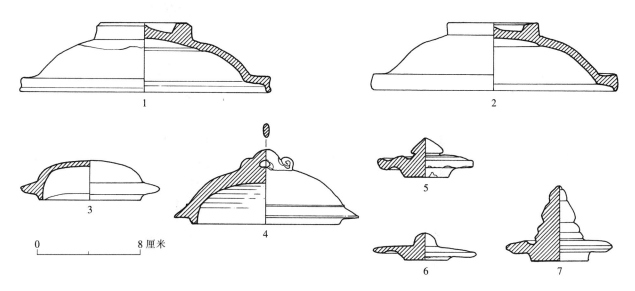

图五五　A、B、C、D、E 型器盖

1~2. A 型器盖（T2⑥:21、H1:20）3. B 型器盖（Y3:15）4. C 型器盖（采:44）5. Da 型器盖（Y5:46）6. Db 型器盖（Y5:42）7. E 型器盖（T2⑤:6）

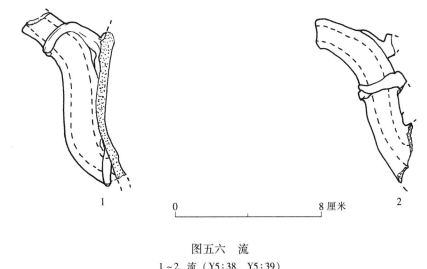

图五六　流

1~2. 流（Y5:38、Y5:39）

（二）窑具

24 件。有匣钵、匣钵盖、垫钵、垫碟、三齿碗形垫具、垫圈、垫托、支柱等。

1. 匣钵

7 件。皆耐火胎。根据器形可分为三类，即筒形匣钵、钵形匣钵、漏斗形匣钵。

（1）筒形匣钵

2件。直腹，平底，外壁有拉坯形成的多道凸棱。根据器形可分为二型。

A 型　1件。浅腹，底缘外侈。

标本 1，Y1：13，残损。红色。外壁刻划多道直线、曲线相交纹饰。高 16 厘米（图五七，1；图版一四二）。

B 型　1件。深腹，上腹部略外撇，下腹部斜直内收，最大径在上下腹交接处，小平底。

标本 1，T2④：40，残损。口径 10.4、腹径 11.4、底径 5.2、高 8.2 厘米（图五七，2；图版一四三）。

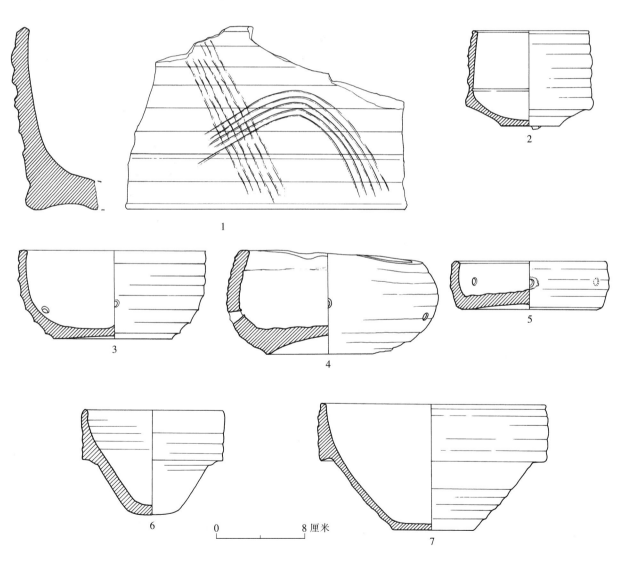

图五七　筒形匣钵、钵形匣钵、漏斗形匣钵

1. A 型筒形匣钵（Y1：13）2. B 型筒形匣钵（T2④：40）3~4. A 型钵形匣钵（Y1：8、Y3：14）5. B 型钵形匣钵（T1②：9）6. A 型漏斗形匣钵（Y6：1）7. B 型漏斗形匣钵（Y6：4）

（2）钵形匣钵

3件。敛口，斜直腹，下腹部内收，最大径在中腹部，平底内凹，外壁有拉坯形成的多道凸棱。根据体量大小、腹部形态可分为二型。

A型　2件。体量较大，深腹。

标本1，Y1：8，残损。黄色。腹部现存1个圆形气孔。口径16.8、腹径16.4、底径10.6、高7.6厘米（图五七，3）。

标本2，Y3：14，底部残佚。口沿烧偏变形。口径16.2、腹径18.6、底径9.2、现高8.8厘米（图五七，4）。

B型　1件。体量较小，浅腹。

标本1，T1②：9，残损。红色。胎体夹杂白色细石英砂颗粒。腹部有3个圆形气孔。口径13.6、腹径14.2、底径12、高4.2厘米（图五七，5；图版一四四）。

（3）漏斗形匣钵

2件。上腹直腹，下腹斜直内收，小平底或略圜小平底，外壁有拉坯形成的多道凸棱。根据器形可分为二型。

A型　1件。

标本1，Y6：1，残损。黄色。口径13、腹径13、底径4.2、高9.2厘米（图五七，6；图版一四五）。

B型　1件。

标本1，Y6：4，残损。口径20、腹径21.2、底径7.2、高11厘米（图五七，7；图版一四六）。

2. 匣钵盖

1件。侈口，方唇，斜弧腹，小平底。

标本1，T1②：7，残损。褐色泥胎，夹杂白色细石英砂颗粒。外壁靠近口沿处、底部粘附少量酱褐色釉。口径18.8、底径2.8、高5.8厘米（图五八，1；图版一四七）。

3. 垫具

8件。根据器形可分为四类，即垫钵、垫碟、三齿碗形垫具、垫圈。

（1）垫钵

1件。泥胎。侈口，圆唇，斜弧腹，高实足，实足中心镂空。

标本1，Y5：3，残损。红胎。腹部有一不规则三角形气孔，外壁有拉坯形成的多道凸棱。口径23、底径6.8、高6厘米（图五八，2；图版一四八）。

（2）垫碟

4件。泥胎。侈口，斜直腹，平底，器表有拉坯形成的多道凸棱。根据体量大小可分为二型。

A 型　2 件。体量较大。

标本 1，H4：3，完好。黄胎。内壁、外壁口沿至上腹部施酱褐釉，釉色泛金属光泽。口径 13、底径 4、高 4.2 厘米（图五八，3）。

标本 2，Y3：17，完好。红胎。内壁、外壁口沿至上腹部挂黄泥色陶衣。口径 12.6、底径 4.2、高 3.6 厘米（图五八，4）。

B 型　2 件。体量较小。

标本 1，H4：4，完好。黄胎。外壁下腹部、底部施深褐釉。口径 8.8、底径 4、高 2 厘米（图五八，5；图版一四九）。

标本 2，Y3：8，完好。红胎。口径 12.6、底径 4.2、高 3.6 厘米（图五八，6；图版一五〇）。

（3）三齿碗形垫具

1 件。以无口沿碗形大钵的坯件改制而成，斜直腹，腹部等分削去 3 个扇面，形成 3 齿，三瓣式圈足，即将圈足呈等腰三角形削去一小段足墙，内底自下而上镂一圆气孔。使用时，圈足在

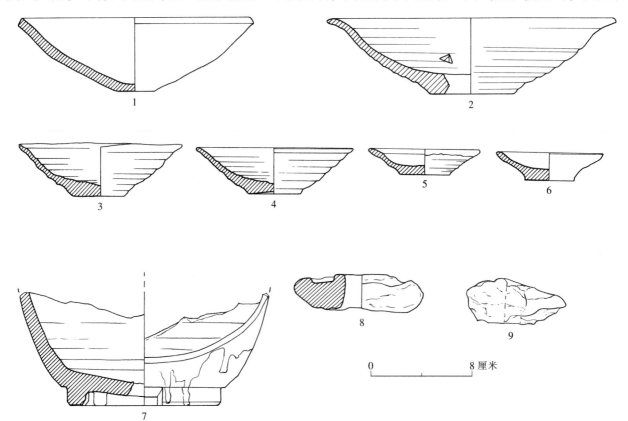

图五八　匣钵盖、垫钵、垫碟、三齿碗形垫具、垫圈
1. 匣钵盖（T1②：7）2. 垫钵（Y5：3）3~4. A 型垫碟（H4：3、Y3：17）5~6. B 型垫碟（H4：4、Y3：8）7. 三齿碗形垫具（Y5：47）
8~9. 垫圈（Y5：51、T2⑥：31）

上，3 齿在下。

标本 1，Y5∶47，口沿残损。红泥胎。外壁上腹部施黄白色化妆土。现口径 20、底径 12、高 8.7 厘米（图五八，7）。

（4）垫圈

2 件。泥条捏塑成圈状，顶部有器物压印痕迹。

标本 1，Y5∶51，完好。黄色耐火土胎。直径 10.2、高 2.8 厘米（图五八，8；图版一五一）。

标本 2，T2⑥∶31，完好。红泥胎。直径 7.8、高 3.6 厘米（图五八，9；图版一五二）。

4. 垫托

7 件。根据器形可分为三类，即筒形垫托、束腰形垫托、圆台形垫托。

（1）筒形小垫托

4 件。根据器形可分为二型。

A 型　2 件。中空，平顶，折腹，平底。

标本 1，H1∶29，完好。黄泥胎。底部粘附黑色窑粘。直径 6、高 4 厘米（图五九，1）。

标本 2，T2⑥∶33，完好。红褐色耐火土胎。直腹。直径 5.4、高 3.2 厘米（图五九，2）。

B 型　2 件。中空，平顶，斜直壁或直壁，折腹，平底。

标本 1，Y5∶43，完好。红泥胎。斜直壁，器表有拉坯形成的多道凸棱。器物外壁施红褐色护胎釉，釉层较薄，釉面无光干涩。直径 9.8、高 5.4 厘米（图五九，3）。

标本 2，Y1∶11，完好。黄泥胎。直壁。直径 6.6、高 3.2 厘米（图五九，4；图版一五三）。

（2）束腰形垫托

2 件。中空，平顶，折沿，束腰，器表有拉坯形成的多道凸棱。

标本 1，H1∶28，完好。红胎。外壁施酱红色釉，内壁施酱青色釉，釉层薄。直径 8.4、高 7.4 厘米（图五九，5；图版一五四）。

标本 2，T2⑥∶33，完好。灰褐胎。顶部粘附窑粘。直径 8、高 7.8 厘米（图五九，6；图版一五五）。

（3）圆台形垫托

1 件。中空，平顶，折沿，外撇斜直腹，器表有拉坯形成的多道凸棱。

标本 1，Y5∶48，完好。灰黑胎。直径 11.6、高 9 厘米（图五九，7）。

5. 支柱

1 件。竹节状，中空。

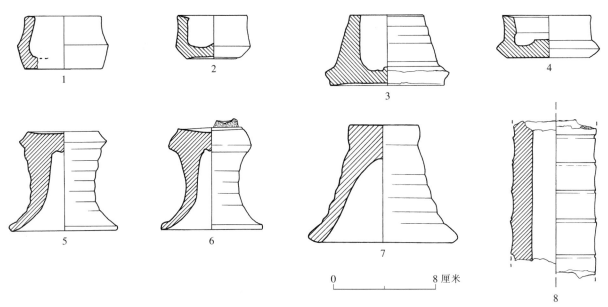

图五九　筒形小垫托、束腰形垫托、圆台形垫托、支柱

1~2. A型筒形小垫托（H1：29、T2⑥：33）3~4. B型筒形小垫托（Y5：43、Y1：11）5~6. 束腰形垫托（H1：28、T2⑥：33）7. 圆台形垫托（Y5：48）8. 支柱（Y5：44）

标本1，Y5：44，残损。红泥胎。内径4.4、外径6.2、现高11.8厘米①（图五九，8）。

（三）瓷器、窑具粘连件

瓷器、窑具粘连件可直接反映装烧工艺，故单另叙述。15件。根据装烧工艺特点可分为八类，即涩圈叠烧、擦内底釉叠烧、砂堆叠烧、垫碟叠烧、垫圈叠烧、装匣仰烧、罐套烧、叠搭烧

① 该窑具器形与陕西铜川市耀州窑址Ⅳ发掘区宋代文化层出土的1件瓦红色泥胎支烧具（91ⅣT17③：3）、四川广元市瓷窑铺窑址一作坊遗址（96GCF1）出土的一件耐火土制垫柱（96GCF1Ⅲ：64）、四川都江堰市玉堂窑唐宋时期的圆筒形支柱、四川邛崃市邛窑唐宋时期的垫柱类似，故此定名。玉堂窑、邛窑有些支（垫）柱顶部粘连泥饼、泥条、五齿或六齿支钉、泥饼式垫片等支垫具，邛窑垫柱底部还有与垫圈粘连的痕迹，西坝窑支柱是否也是如此使用，尚不明了。《宋代耀州窑址》，第4~6页、第521~523页。四川省文物考古研究所、广元市文物保护管理所：《广元市瓷窑铺窑址发掘简报》，《四川文物》2003年第3期。成都文物考古研究所、都江堰市文物局：《2007年玉堂窑遗址调查报告》，载成都文物考古研究所编著：《成都考古发现（2007）》，科学出版社，2009年，第322~392页。成都文物考古研究所、都江堰市文物局：《2007年玉堂窑遗址六号窑包试掘简报》，载成都文物考古研究所编著：《成都考古发现（2007）》，科学出版社，2009年，第393~451页。成都文物考古研究所、都江堰市文物局：《都江堰市玉堂窑遗址马家窑包（6号）2013年试掘简报》，载成都文物考古研究所编著：《成都考古发现（2012）》，科学出版社，2014年，第420~448页。陈显双、尚崇伟：《邛窑古陶瓷简论——考古发掘简报》，载耿宝昌主编：《邛窑古陶瓷研究》，中国科学技术大学出版社，2003年，第123~260页。成都文物考古研究所、北京大学考古文博学院、邛崃市文物保护管理所：《四川省邛崃市大渔村窑区调查报告》，载成都文物考古研究所编著：《成都考古发现（2005）》，科学出版社，2007年，第308~336页。

对烧组合。

1. 涩圈叠烧

侈口碗

2件。皆A型侈口碗。

标本1，Y1：32。2个碗叠烧，上下碗口沿间还粘附细石英砂颗粒。高7.6厘米（图六○，1；图版一五六）。

标本2，T1②：8。4个碗叠烧。高8.6厘米（图六○，2）。

2. 擦内底釉叠烧

4件。器类有敞口碗、折腹碗、碗形大钵。

（1）敞口碗

1件。A型敞口碗。

标本1，T1②：6。2个碗叠烧，上下碗之间还粘附红烧土颗粒。高8厘米（图六○，3；图版一五七、一五八）。

（2）折腹碗

2件。皆A型折腹碗。

标本1，Y5：16。2个碗叠烧。高7.7厘米（图六○，4；图版一五九）。

标本2，Y5：27。2个碗叠烧，上碗口沿烧偏变形。高6.7厘米（图六○，5）。

（3）碗形大钵

1件。A型碗形大钵。

标本1，H4：29。2个碗形大钵叠烧，下碗下腹部、圈足残佚。高10厘米（图六○，6；图版一六○）。

3. 砂堆叠烧

白瓷碗

1件。

标本1，Y3：23，残损。2个碗叠烧。黄胎。敞口，方圆唇，斜弧腹，矮圈足，圈足挖足过肩。通体施白釉，釉色泛青，有细碎开片。上下碗圈足均粘连白色细石英砂颗粒。高6.4厘米（图六○，7；图版一六一）。

4. 垫碟叠烧

2件。器类有深腹钵、碟。

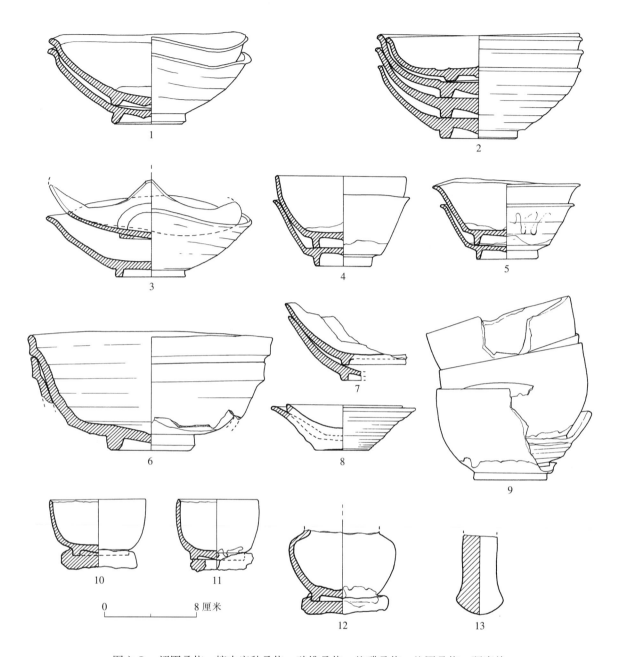

图六〇　涩圈叠烧、擦内底釉叠烧、砂堆叠烧、垫碟叠烧、垫圈叠烧、研磨杵

1~2. 侈口碗涩圈叠烧（Y1：32、T1②：8）　3. 敞口碗擦内底釉叠烧（T1②：6）　4~5. 折腹碗擦内底釉叠烧（Y5：16、Y5：27）　6. 碗形大钵擦内底釉叠烧（H4：29）　7. 白瓷碗砂堆叠烧（Y3：23）　8. 碟+垫碟叠烧（Y3：13）　9. 深腹钵+垫碟叠烧（T1③：1）　10~11. 圈足小杯+垫圈叠烧（T2⑦：26、H4：42）　12. 双系罐+垫圈叠烧（T1③：6）　13. 研磨杵（Y5：50）

（1）深腹钵+垫碟

1件。A型深腹钵+A型垫碟。

标本1，T1③：1。3个深腹钵叠烧，钵之间以垫碟相隔。高15.6厘米（图六〇，9；图版一六二）。

（2）碟+垫碟

1件。Ab型碟+A型垫碟。

标本 1，Y3：13。上碟下垫碟叠烧。高 3.8 厘米（图六〇，8；图版一六三）。

5. 垫圈叠烧

3 件。器类有圈足小杯、双系罐。

（1）圈足小杯 + 垫圈

2 件。B 型圈足小杯 + 垫圈

标本 1，T2⑦：26。垫圈底部粘连细石英砂颗粒。高 4.6 厘米（图六〇，10；图版一六四）。

标本 2，H4：42。高 5.8 厘米（图六〇，11）。

（2）双系罐 + 垫圈

1 件。E 型双系罐 + 垫圈

标本 1，T1③：6。双系罐口沿残佚。高 7 厘米（图六〇，12）。

6. 装匣仰烧

3 件。器类均为盏。均为"一匣一器"装烧。

盏 + 漏斗形匣钵

D 型盏 + A 型漏斗形匣钵　1 件。

标本 1，Y4：1。盏置于匣钵内。高 9.2 厘米（图六一，1；图版一六五、一六六）。

E 型盏 + A 型漏斗形匣钵　1 件。

标本 1，T2⑦：23。盏置于匣钵内。高 7.2 厘米（图六一，2；图版一六七、一六八）。

Fa 型盏 + A 型漏斗形匣钵　1 件。

标本 1，T2⑤：23。匣钵下腹部残佚。高 7.6 厘米（图六一，3）。

7. 罐套烧

A 型双系罐

1 件。小 A 型双系罐 + 大 A 型双系罐

标本 1，T2⑦：3。大罐圈足粘连细石英砂颗粒。高 14.8 厘米（图六一，4；图版一六九、一七〇）。

8. 奁搭烧对烧组合

奁

1 件。

标本 1，Y3：18。内外壁口部粘连奁残片。推测装烧方法为：先将大小 2 奁搭烧，再以 1 奁倒置插入对烧。高 8 厘米（图六一，5；图版一七一、一七二）。

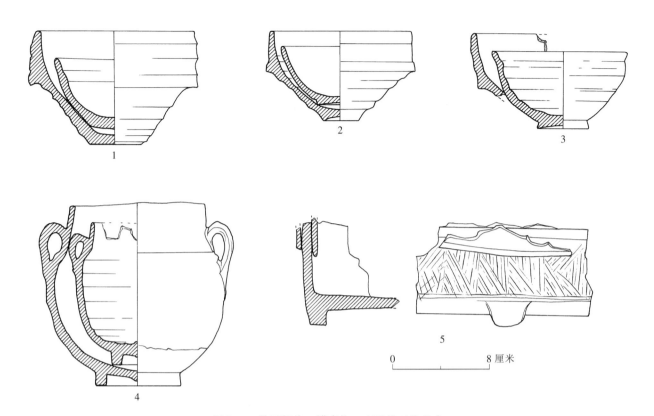

图六一　装匣仰烧、罐套烧、叠搭烧对烧组合

1~3. 盏 + 漏斗形匣钵仰烧（Y4∶1、T2⑦∶23、T2⑤∶23）4. 小双系罐 + 大双系罐套烧（T2⑦∶3）5. 叠搭烧对烧组合（Y3∶18）

（四）制瓷工具

研磨杵

1 件。

标本 1，Y5∶50，残损。黑褐胎。直柄，圆杵头。器表施酱褐釉。现长 6.6 厘米（图六〇，13；图版一七三）。

四　分期与年代

　　2008 年的清理发掘,因乐宜高速公路穿越窑址的地段内可供发掘的场地十分有限,有限的场地还遭到施工方不同程度的破坏,我们仅能进行小规模带有试掘性质的田野考古工作,从而获取一些实物资料。基于该批实物资料,目前我们对西坝窑各个时代特征予以归纳总结、进行全面分期、年代判断还存在相当大的困难。因此,本报告所作分期断代仅针对 2008 年度所获实物资料进行。

　　西坝窑烧造年代有以下三种认识:《五通桥区志》的编撰人员认为西坝窑为五代时期遗存①。陈丽琼认为西坝窑烧造时代早到北宋,最晚到明初②。童思思推断西坝窑创烧年代为北宋中晚期③。黄晓枫指出西坝窑始烧年代为北宋中晚期至南宋之际④。上述论断将烧造年代的上限定为五代、北宋中晚期其依据、论证都不大充分,北宋说基本符合实际情况,故本报告从之。烧造年代的下限可据文献记载加以推定。清嘉庆十九年(1814 年)成书的《(嘉庆)犍为县志》引《方舆考略》称西坝窑所处的"西溶之地宜陶"⑤。《(嘉庆)犍为县志》又称:"今居民尚有陶者。"⑥ 可见清康熙(1662～1722 年)至嘉庆(1796～1820 年)年间,西坝窑还有小规模的窑业活动。此次发掘所获实物资料时代应在北宋至清嘉庆年间(960～1820 年)这一时间框架内。

　　2008 年度的清理发掘,共在 3 个独立且相距甚远的地点进行发掘,无法按照土质土色归并地层,即使如铁五显地点分布有较多遗存,仍属于跳方发掘,也无法直接按照土质土色归并地层。因此本报告主要以各层位单位出土的器类、器形及其组合等遗物面貌归并地层,同时结合宋元时期各层位单位的叠压打破等层位关系,按照由早及晚的次序予以分期:

　　第一期包括 Y1、Y2、T1 第③层、T2 第⑦层、T3 第③层等层位单位,其中以 Y1、T1 第③层、T2 第⑦层为代表。出土遗物包括 A 型敞口碗、C 型敞口碗、A 型碗形大钵、C 型盏、D 型

---

① 《五通桥区志》,第 847 页。

② 《乐山市古窑址调查》。

③ 《西坝窑与四川地区宋代黑釉瓷生产研究》,第 15 页。

④ 黄晓枫:《四川地区古代瓷业技术来源与发展探析》,载浙江省博物馆沈琼华主编:《中国古代瓷器生产技术对外传播研究论文集》,浙江人民美术出版社,2014 年,第 133～154 页。

⑤ 《(嘉庆)犍为县志》卷二《方舆志》。

⑥ 《(嘉庆)犍为县志》卷四《食货志》。

盏、Fa 型盏、盘、C 型碟、B 型束颈执壶、A 型双系罐、Ca 型双系罐、A 型瓶、D 型瓶、花插等，其中以 A 型敞口碗、D 型盏、盘、A 型双系罐、A 型瓶为代表性器物。

第二期包括 Y1 废弃堆积层、Y3 废弃堆积层、Y3、H1 废弃堆积层、H1、H3 废弃堆积层、H3、T2 第⑤层、T2 第⑥层、H2 废弃堆积层、H2①、H4 废弃堆积层、H4、Y4 废弃堆积层、Y4、Y5、Y6 废弃堆积层、Y6 等层位单位，其中以 Y4、Y5、Y6、Y3 废弃堆积层、H1 废弃堆积层、H3 废弃堆积层、T2 第⑤层、T2 第⑥层、H4 废弃堆积层为代表。出土遗物包括 A 型敞口碗、B 型敞口碗、Da 型敞口碗、Db 型敞口碗、A 型侈口碗、B 型侈口碗、敛口碗、B 型折腹碗、A 型斗笠碗、B 型斗笠碗、A 型深腹钵、A 型碗形大钵、B 型盏、C 型盏、D 型盏、E 型盏、Fa 型盏、Fb 型盏、H 型盏、盘、Aa 型碟、C 型碟、B 型束颈执壶、平肩壶、A 型扁腹壶、倒流壶、A 型圈足小杯、B 型圈足小杯、A 型高足杯、B 型高足杯、A 型双系罐、E 型双系罐、B 型带流罐、C 型带流罐、Aa 型无流系罐、B 型无流系罐、盉、B 型研磨器、A 型瓶、B 型瓶、E 型瓶、B 型香炉、灯、A 型灯盏、B 型灯盏、砚滴、A 型器盖、B 型器盖、E 型器盖、A 型筒形匣钵、A 型钵形匣钵、A 型漏斗形匣钵、B 型漏斗形匣钵、A 型垫碟、B 型垫碟、垫圈、A 型筒形小垫托、B 型筒形小垫托、束腰形小垫托等，其中以 A 型敞口碗、A 型碗形大钵、C 型盏、D 型盏、E 型盏、Fb 型盏、H 型盏、盘、C 型碟、B 型圈足小杯为典型器物组合。

第三期包括 T1 第②层、T2 第③层、T2 第④层、Y5 废弃堆积层等层位单位，其中以 T1 第②层、T2 第④层、Y5 废弃堆积层为代表。出土遗物包括 Db 型敞口碗、A 型侈口碗、A 型折腹碗、B 型折腹碗、C 型折腹碗、A 型碗形大钵、D 型盏、Fa 型盏、盘、Ab 型碟、B 型碟、B 型束颈执壶、B 型扁腹壶、B 型双系罐、Cb 型双系罐、D 型双系罐、A 型带流罐、B 型带流罐、Ab 型无流系罐、A 型研磨器、C 型研磨器、A 型瓶、D 型瓶、C 型香炉、Db 型器盖、A 型垫钵、B 型垫钵、三齿碗形垫具、垫圈、B 型筒形小垫托、圆台形垫托、支柱等，其中以 A 型折腹碗、B 型折腹碗、C 型折腹碗、B 型带流罐为代表性器物。

此次清理发掘，未见有明确纪年的遗物，因此本报告在以上分期工作的基础之上，选取相关窑址的遗迹、遗物开展类型学比对工作，对各期进行年代判断：

第一期以 A 型敞口碗、D 型盏、盘、A 型双系罐、A 型瓶为代表性器物，Y1 为代表性层位单位。A 型敞口碗与重庆合川区盐井瓷窑址的朱家堡窑址所出 A 型黑釉碗②、重庆铜梁县黄门窑址所出 A 型黑釉碗③形制相近。朱家堡窑址所出器物时代约为北宋末至南宋中期。黄门窑址烧造

---

① 从现开口层位的深度判断，H2 原应开口在第⑤层下，打破第⑥、⑦层与生土，因此它的时代应早于第⑤层，晚于第⑥、⑦层。

② 重庆市文化遗产研究院、合川区文物管理所：《合川区盐井瓷窑址发掘简报》，载重庆市文化遗产研究院、重庆文化遗产保护中心编著：《嘉陵江下游考古报告集》，科学出版社，2015 年，第 354～397 页。

③ 重庆市文化遗产研究院、铜梁县文物管理所：《铜梁县黄门窑址试掘简报》，载重庆市文化遗产研究院、重庆文化遗产保护中心编著：《嘉陵江下游考古报告集》，科学出版社，2015 年，第 398～420 页。

时间为北宋晚期至南宋初期。D 型盏与四川都江堰市金凤窑北宋晚期的 Ⅱ 类 Fb 型黑釉盏（T44③：161）[1] 形制相同。盘与四川都江堰市瓦岗坝窑北宋早中期的 A 型 Ⅲ 式白釉盘[2]、黄门窑址所出北宋晚期至南宋初期的黑釉盘[3]、金凤窑南宋时期的 Ab 型黑釉盘（T44②：341）[4] 形制相近。A 型双系罐与四川达州市瓷碗铺窑址出土的北宋末期至元代初期 Ba 型 Ⅱ 式双耳鼓腹黑釉罐[5]形制相近。A 型瓶与瓷碗铺窑址出土的北宋末期至元代初期 Ⅰ 式黑釉玉壶春瓶[6]、金凤窑南宋时期的 Aa 型褐釉瓶（T44②：391）[7] 形制相近。Y1 与瓦岗坝窑南宋中晚期 Y6[8]、辽宁辽阳市江官屯窑址第一地点金代中后期 Y1 晚期阶段窑炉[9]等窑炉的形制比较接近。因此，第一期年代大致为南宋中期（1174～1224 年）。

第二期以 A 型敞口碗、A 型碗形大钵、C 型盏、D 型盏、E 型盏、Fb 型盏、H 型盏、盘、C 型碟、B 型圈足小杯为典型器物组合，以 Y4、Y5、Y6 为代表性层位单位。第二期所见 Db 型敞口碗与瓷窑铺窑址探方内出土的 D 型 Ⅲ 式青瓷碗[10]形制相近。瓷窑铺窑址所出器物时代大致为北宋晚期至南宋时期。A 型侈口碗与金凤窑北宋晚期的 Bb 型黑釉大碗（T62③：18）[11] 形制相同。A 型斗笠碗与四川彭州市磁峰窑北宋中期的 A 型 Ⅰ 式白瓷斗笠碗形制相近[12]。A 型深腹钵与瓦岗坝窑北宋晚期至南宋早期的 B 型 Ⅰ 式白釉或内白外酱釉钵[13]、磁峰窑北宋晚期至南宋早期的 A 型 Ⅰ 式白瓷深腹碗[14]形制相近。A 型高足杯与浙江龙泉市安仁口瓷窑址的岭脚窑址元代中晚期的 Ⅲ

---

① 成都市文物考古研究所、都江堰市文物局：《都江堰市金凤窑发掘报告》，载成都市文物考古研究所编著：《成都考古发现（2000）》，科学出版社，2002 年，第 231～236 页。

② 成都市文物考古研究所、都江堰市文物局：《都江堰市金凤乡瓦岗坝窑发掘报告》，载成都市文物考古研究所编著：《成都考古发现（2001）》，科学出版社，2003 年，第 264～305 页。

③ 《铜梁县黄门窑址试掘简报》。

④ 《都江堰市金凤窑发掘报告》。

⑤ 四川省文物考古研究院、达州市通川区文化体育局、达州市通川区文物管理所：《四川达州市通川区瓷碗铺瓷窑遗址发掘简报》，《四川文物》2005 年第 4 期。

⑥ 《四川达州市通川区瓷碗铺瓷窑遗址发掘简报》。

⑦ 《都江堰市金凤窑发掘报告》。

⑧ 《都江堰市金凤乡瓦岗坝窑发掘报告》。

⑨ 梁振晶、郭明、肖新奇：《辽宁辽阳江官屯瓷窑址考古发掘获得重要成果》，《中国文物报》2015 年 1 月 23 日第 8 版。孟霜桥：《辽阳江官屯窑初步研究》，吉林大学，硕士学位论文，2015 年，第 5～8 页。辽宁省文物考古研究所：《辽宁辽阳市江官屯窑址第一地点 2013 年发掘简报》，《考古》2016 年第 11 期。

⑩ 《广元市瓷窑铺窑址发掘简报》。

⑪ 据发掘报告及发掘者所撰学位论文，金凤窑归并地层后可分为三组：第一组，以 T44 第④层、T13 第③b 层为代表，时代为北宋早中期；第二组，以 T44 第③层、T13 第③a 层为代表，时代为北宋晚期；第三组，以 T44 第②层、T13 第②层、T13 第①层为代表，时代为南宋时期。本报告对金凤窑发掘报告器物出土层位均据此推定。《都江堰市金凤窑发掘报告》。黄晓枫：《四川出土宋代瓷器初步研究》，四川大学，硕士学位论文，2002 年，第 26～30 页。

⑫ 成都市文物考古研究所、彭州市博物馆：《2000 年磁峰窑发掘报告》，载成都市文物考古研究所编著：《成都考古发现（2000）》，科学出版社，2002 年，第 167～221 页。

⑬ 《都江堰市金凤乡瓦岗坝窑发掘报告》。

⑭ 《2000 年磁峰窑发掘报告》。

式青瓷高足杯①、浙江龙泉市枫洞岩窑址元代中晚期的青瓷高足杯（TN14W7⑦：10）②、浙江龙泉市源口窑址群的杉木林窑址元代晚期的Ⅱ式高足瓷杯（EY16T2③：50）③形制相近。B型高足杯与江西景德镇市湖田窑址元代前期的Ba型卵白釉高足杯形制相同④。Aa型碟与瓦岗坝窑北宋晚期至南宋早期的A型Ⅲ式白釉、酱釉碟⑤形制相近。A型扁腹壶与邛窑十方堂窑址晚唐至宋代的A型Ⅲ式青釉壶形制相近⑥。盒与金凤窑北宋早中期的A型白釉樽形碗（T44④：37）⑦形制相同。A型香炉与瓷窑铺窑址一作坊遗址（96GCF1）出土的北宋晚期至南宋时期鼎形黑釉炉（96GCF1Ⅰ：64）⑧形制相近。B型器盖与瓷碗铺窑址出土的北宋末期至元代初期A型Ⅰ式黑釉器盖⑨形制相近。A型灯盏与黄门窑址所出北宋晚期至南宋初期黑釉碟形灯⑩形制相近。A型钵形匣钵与金凤窑北宋早中期的A型钵形匣钵（Y11：332）⑪、磁峰窑北宋晚期至南宋早期的A型Ⅲ式匣钵⑫形制相近。A型漏斗形匣钵与瓦岗坝窑北宋晚期至南宋早期的Cb型匣钵⑬形制相近。B型漏斗形匣钵与黄门窑址所出北宋晚期至南宋初期漏斗形匣钵⑭、瓷碗铺窑址出土的北宋末期至元代初期A型Ⅱ式匣钵⑮形制相近。B型筒形小垫托与重庆合川区盐井瓷窑址的炉堆子窑址及朱家堡窑址所出北宋末至南宋中期罐形垫托⑯、瓷碗铺窑址出土的北宋末期至元代初期B型Ⅱ式支托⑰、浙江富阳市缸窑山窑址出土的北宋中晚期D型间隔具⑱形制相近。Y4与江官屯窑址第一

---

① 上海博物馆考古部：《浙江龙泉安仁口古瓷窑址发掘报告》，载上海博物馆集刊编辑委员会编：《上海博物馆集刊》第3期，上海古籍出版社，1986年，第102～132页。

② 浙江省文物考古研究所、北京大学考古文博学院、龙泉青瓷博物馆编：《龙泉大窑枫洞岩窑址出土瓷器》，文物出版社，2009年，第82页。浙江省文物考古研究所、北京大学考古文博学院、龙泉青瓷博物馆编：《龙泉大窑枫洞岩窑址》，文物出版社，2015年，第283页。

③ 浙江省文物考古研究所编：《龙泉东区窑址发掘报告》，文物出版社，2005年，第282～283页、第396～397页、第407页。

④ 江西省文物考古研究所、景德镇民窑博物馆编著：《景德镇湖田窑址：1988～1999年考古发掘报告》，文物出版社，2007年，第321、460页。

⑤ 《都江堰市金凤乡瓦岗坝窑发掘报告》。

⑥ 《邛窑古陶瓷简论——考古发掘简报》，第154～155页。

⑦ 《都江堰市金凤窑发掘报告》。

⑧ 《广元市瓷窑铺窑址发掘简报》。

⑨ 《四川达州市通川区瓷碗铺瓷窑遗址发掘简报》。

⑩ 《铜梁县黄门窑址试掘简报》。

⑪ 《都江堰市金凤窑发掘报告》。

⑫ 《2000年磁峰窑发掘报告》。

⑬ 《都江堰市金凤乡瓦岗坝窑发掘报告》。

⑭ 《铜梁县黄门窑址试掘简报》。

⑮ 《四川达州市通川区瓷碗铺瓷窑遗址发掘简报》。

⑯ 《合川区盐井瓷窑址发掘简报》。

⑰ 《四川达州市通川区瓷碗铺瓷窑遗址发掘简报》。

⑱ 浙江省文物考古研究所：《富阳太平村缸窑山越窑址发掘简报》，载浙江省文物考古研究所编：《浙江省文物考古研究所学刊（第十辑）》，文物出版社，2015年，第222～235页。

地点金代中后期的 Y5、Y8[①]、重庆涂山窑酱园窑址南宋末至元代早期 Y17 等窑炉的形制比较接近[②]。Y5 与瓦岗坝窑南宋中晚期 Y12[③]、金凤窑南宋中晚期 Y2[④]、山东淄博市坡地窑址金末至元前期 Y1[⑤]、山东枣庄市中陈郝窑址金末至元前期 NY1[⑥]、河北磁县观台磁州窑元代后期 Y8[⑦] 等 5 座窑炉的形制比较接近。Y6 与酱园窑址南宋中晚期 Y9 的形制接近[⑧]。因此，第二期年代大致为南宋晚期（1225～1279 年）至元代中期（1309～1338 年）。

第三期以 A 型折腹碗、B 型折腹碗、C 型折腹碗、B 型带流罐为代表性器物。C 型折腹碗与金凤窑北宋晚期的 C 型黑釉圈足小碗（T34③：131）[⑨] 形制相同。第三期所见 B 型双系罐与金凤窑北宋晚期的 Bb 型黑釉双耳小罐（T44③：6）[⑩] 形制相近。第三期层位单位所出器物均很少，单纯从遗物面貌判断其年代并不准确，必须结合层位关系予以反推。因此，第三期年代大致为元代晚期（1339～1368 年）。

2008 年度发掘所获实物资料以第二期南宋晚期（1225～1279 年）至元代中期（1309～1338 年）的遗迹、遗物最为丰富。据地志记载，西溶三山前山铁蛇山有一"圆通寺"，创建于宋开禧二年（1206 年），毁于元代[⑪]。两者暗合的时间段是否代表西坝窑窑业活动最为兴盛的历史时期值得我们进一步探究。

① 《辽宁辽阳江官屯瓷窑址考古发掘获得重要成果》。《辽阳江官屯窑初步研究》。《辽宁辽阳市江官屯窑址第一地点 2013 年发掘简报》。

② 《重庆涂山窑》，第 33～35 页、第 395～398 页。

③ 《都江堰市金凤乡瓦岗坝窑发掘报告》。

④ 关于金凤窑 Y2 的时代有 4 种认识，即南宋时期、南宋中晚期、南宋末至元代、南宋末至元初，本报告认同南宋中晚期的认识。《四川出土宋代瓷器初步研究》，第 29 页。安剑华：《四川盆地唐宋时期制瓷工艺初步研究》，四川大学，硕士学位论文，2005 年，第 51 页。《都江堰市金凤窑发掘报告》。袁胜文：《南方地区唐宋制瓷馒头窑研究》，《中国国家博物馆馆刊》2015 年第 2 期。

⑤ 淄博市博物馆：《山东淄博坡地窑址的调查与试掘》，载文物编辑委员会编：《中国古代窑址调查发掘报告集》，文物出版社，1984 年，第 360～373 页。秦大树：《磁州窑窑炉研究及北方地区瓷窑发展的相关问题》，载北京大学考古系编：《考古学研究（四）》，科学出版社，2000 年，第 292 页。

⑥ 山东大学历史系考古专业、枣庄市博物馆：《山东枣庄中陈郝瓷窑址》，《考古学报》1989 年第 3 期。《磁州窑窑炉研究及北方地区瓷窑发展的相关问题》注 [48]，第 298 页。

⑦ 北京大学考古系、河北省文物研究所、邯郸地区文物保管所：《观台磁州窑址》，文物出版社，1997 年，第 19～36 页、第 462～513 页。《磁州窑窑炉研究及北方地区瓷窑发展的相关问题》。

⑧ 《重庆涂山窑》，第 29～30 页、第 395～398 页。

⑨ 《都江堰市金凤窑发掘报告》。

⑩ 《都江堰市金凤窑发掘报告》。

⑪ 《（嘉庆）犍为县志》卷三《建置志》。

五　窑炉技术工艺分析与复原

此次发掘共清理窑炉 6 座，其中 Y1、Y2 时代为南宋中期，Y3、Y4、Y5、Y6 时代为南宋晚期至元代中期。Y1、Y2、Y5 为大型馒头窑炉，Y3、Y4、Y6 为小型馒头窑炉，均属于间歇式窑。除 Y3 之外，其他窑炉保存状况都较好，可以对其开展初步的窑炉技术工艺分析与复原工作。

Y1、Y2、Y4、Y5 等 4 座窑炉总体来说窑体宽短，窑床平面呈前宽后窄的扇形或梯形，属于同一类型，而 Y6 窑体较窄长，窑床平面呈长方形，单独属于一个类型。从窑炉热工学而言，宽短的窑体更适合还原焰气氛，其前宽后窄的扇形或梯形窑床使窑室后部空间热力相对更为集中，而大型窑炉 Y1、Y2、Y5 相对于小型窑炉 Y4 掌握窑内温度与气氛的难度更大。

Y1、Y2、Y5 等 3 座窑炉的体量巨大，窑体呈长椭圆形，最大数值（含墙体）分别为 6.9、6.7、6.68 米，十分罕见。而据目前已公布资料显示，辽宁抚顺市大官屯宋金时期的 Y2 同为大型馒头窑炉，窑室平面呈圆形，不含墙体的内径达 8 米，是该时期最大的馒头窑炉[①]。因此，以体量而论，Y1、Y2、Y5 是宋元时期规模数一数二的大型馒头窑炉。

Y1、Y5、Y4、Y6 等窑炉使用煤作为燃料，其炉箅利用残损窑砖或废弃匣钵搭建而成，与观台磁州窑北宋徽宗时期（1101～1125 年）的 Y3、Y2、Y4、Y6 炉栅相类似[②]。此类炉箅不及耀州窑、涂山窑、磁州窑等窑址宋元时期馒头窑炉专用的条式炉栅[③]先进，每次需拆除才能出灰。

Y1、Y5 窑室后部吸火排烟系统的设计比较罕见：在烟囱前同时设置 3 道高低相错的挡火墙占据了窑床约 1/3 的面积，挡火墙及烟囱前壁留有多排密集错落分布的吸火孔，同时在烟囱前壁部分吸火孔内置条状匣钵残件。

烟囱前设置挡火墙的做法目前仅见于重庆涂山窑小湾窑址南宋晚期至元初的 Y3。小湾窑址 Y3 于同一位置用石板砌筑出一个宽大的挡火墙。挡火墙几乎也占据了窑床 1/3 的面积，设有 6

①　李文信：《关于抚顺大官屯古窑址的资料》，载氏著：《李文信考古文集》（增订本），辽宁人民出版社，2009 年，第 653～659 页。陈永婷：《唐宋时期馒头窑初步研究》，吉林大学，硕士学位论文，2011 年，第 23～25 页。

②　《观台磁州窑址》，第 19～36 页、第 462～513 页。《磁州窑窑炉研究及北方地区瓷窑发展的相关问题》，第 266～299 页。

③　《宋代耀州窑址》，第 60～88 页。《重庆涂山窑》，第 24～27 页、第 29～30 页、第 37～38 页。《观台磁州窑址》，第 32～35 页。

个大吸火孔。与西坝窑 Y1、Y5 相比较，小湾窑址 Y3 挡火墙要粗陋许多，更具有技术上的原始性①。值得注意的是，这类做法有可能很早已有滥觞。陕西西安市汉长安城相家巷窑址西汉时期的 Y8、Y11、Y21、Y22 为半倒焰型陶窑，专门用于烧制陶俑，在窑床前缘设置一条砖砌隔火墙，又在窑床面正中设置一条砖砌分火道隔墙。分火道隔墙一端与窑床前缘的隔火墙呈"丁"字形相交，另一端与窑室后壁相连。隔火墙、分火道隔墙均为长条砖单砖顺砌，可能砌筑至窑室顶部，由下而上自第 2 层起每一层砖与砖之间均留有宽约 5 厘米的吸火孔，相邻上下层的吸火孔错位排列②。隔火墙、分火道隔墙都是为了使窑内火力均匀分布并充分利用，从而提高产品质量与生产效益③。相家巷窑址的 4 座窑炉其隔火墙、分火道隔墙与西坝窑 Y1、Y5 挡火墙所处位置有差异，但它们的功能应该是完全一致的。湖南常德市武陵路东汉早中期的砖窑 Y1 于靠烟道的窑床面上设置 3 条砖坯火道，火道一端与烟道相连，窑床靠火膛的前、中部堆放待烧造的砖坯④。该窑炉火道顶部是否封闭因保存状况已不得而知，但如果将火道缩短加高便是一道挡火墙，这一推测尚需在今后田野考古工作中得到验证。

五代至元时期，馒头窑炉烟囱前壁留有多排吸火孔以及吸火孔内置残砖、匣钵残件等物的做法比较常见。烟囱前壁留有多排吸火孔的有：陕西铜川市五代黄堡窑址 90ⅥY43 现存 3 排排烟孔（吸火孔）⑤。观台磁州窑北宋徽宗时期（1101～1125 年）的 Y3、Y2、Y6 现存上下 2 排排烟孔，元代后期的 Y8 现存 3 排排烟孔⑥。四川金凤窑北宋晚期至南宋前期的 Y11，南宋末至元代的 Y2、Y4 窑床后壁现存 3、4 排排烟孔，最下排排烟孔尺寸较大，上面几排排烟孔尺寸较小⑦。陕西旬邑县安仁窑址金元时期的 Y1 排烟孔规整整齐，现存 8 排排烟孔，每排 6 个⑧。吸火孔内置残砖、匣钵残件等物的有：山东宁阳县晚唐五代时期的 Y1 中烟囱烟道口左侧摆放 1 块青砖⑨。五代黄堡窑址 88ⅥY29 左侧烟囱壁上有 2 个排烟孔，左侧排烟孔内竖有一块耐火砖⑩。前引观台磁州窑诸窑炉排烟孔中多塞有碎砖、残匣钵。江官屯窑址第一地点金代中后期的 Y8 南侧排烟口略低于窑床处用瓦片封堵⑪。

① 重庆市博物馆：《重庆涂山窑小湾瓷窑发掘报告》，载四川省文物考古研究所编：《四川考古报告集》，文物出版社，1998 年，第 444～453 页。

② 中国社会科学院考古研究所汉城队：《汉长安城窑址发掘报告》，《考古学报》1994 年第 1 期。李毓芳：《汉代陶窑初论》，载中国社会科学院考古研究所《汉唐与边疆考古研究》编委会编：《汉唐与边疆考古研究（第一辑）》，科学出版社，1994 年，第 80～81 页。

③ 《汉代陶窑初论》，第 88～89 页。

④ 常德市文物处、常德市博物馆：《湖南常德市城区发现汉代砖窑》，《江汉考古》1998 年第 2 期。

⑤ 陕西省考古研究所：《五代黄堡窑址》，文物出版社，1997 年，第 20～21 页。

⑥ 《观台磁州窑址》，第 462～513 页。《磁州窑窑炉研究及北方地区瓷窑发展的相关问题》。

⑦ 《都江堰市金凤窑发掘报告》。

⑧ 咸阳地区文物管理委员会：《旬邑安仁古瓷窑遗址发掘简报》，《考古与文物》1980 年第 3 期。

⑨ 山东大学考古专业、宁阳县文化馆：《山东宁阳西太平村古代瓷窑遗址试掘简报》，《考古与文物》1989 年第 4 期。

⑩ 《五代黄堡窑址》，第 14、16 页。

⑪ 《辽宁辽阳江官屯瓷窑址考古发掘获得重要成果》。《辽宁江官屯窑初步研究》。《辽宁辽阳市江官屯窑址第一地点 2013 年发掘简报》。

河北隆化县兴州窑金元时期的 Y2 有的烟道孔内填缸坯①。值得注意的是，上述窑炉烟囱前壁留有多排吸火孔的做法在现代龙窑中还能见到②，吸火孔内置器物残件等物的做法可能早在仰韶文化中期既已滥觞，足以说明其技术上的合理有效。江西景德镇地区的镇窑（蛋形窑、柴窑）明末清初定型沿用至现代，打挂窑（即封闭挂窑口）时要根据季节气候变化或上一窑烧制情况调整匣钵柱之间吸火孔的大小、间距。同时在烟囱底部（俗称"余堂"）一般要装烧土匣钵或粗瓷，其作用为：一、利用余热；二、利用匣钵蓄热，稳定烟囱底部温度，减少抽力的波动；三、通过调节匣钵柱，可以造成某种程度的平衡，控制流速，维持动压③。浙江龙泉市现代龙窑烧造装窑时一般在窑尾部分放置瓷土、釉土，与镇窑在烟囱底部装烧匣钵、粗瓷的做法相似④。甘肃临潭县磨沟遗址仰韶文化中期的半环形窑床式升焰型陶窑 Y5⑤，山西新绛县孝陵遗址庙底沟二期文化的窑箅式升焰型陶窑 Y14⑥，山西襄汾县陶寺遗址龙山时代的窑箅式升焰型陶窑 Y312、环形窑床式升焰型陶窑 Y404⑦均在类似馒头窑炉吸火孔的主火道、分支火道、盆形火口等处人为放置土块、石块，用于控制窑室内火焰和窑温。因此，我们推测西坝窑 Y1、Y5 窑室后部复杂的吸火排烟系统其设计目的有二：其一，因窑体体量巨大，窑室后部容易出现低温死角。挡火墙与烟囱前壁密集的吸火孔可以在垂直方向、水平方向多路抽吸火焰，还可根据季节气候的变化、烧造不同产品的需要通过置放匣钵残件控制烟囱抽力（负压），改变局部的火焰流速、流量、走向、压强，这样一来加强了烟囱的抽力，延长了火焰在窑内滞留时间，使窑室内上下空间热量更趋均匀分布，有利于提高窑室内各部位的窑温和热工效率，是一种先进的焰型控制技术。其二，3 道挡火墙的顶部还可以置放一些匣钵、粗瓷坯件、瓷土、釉土等物用以蓄热，稳定窑室后部的抽力，不仅提高窑室内部空间的利用率，还进一步延长了火焰在窑内的滞留时间。

Y5 窑炉内堆积发现大量草拌泥块，一般长 0.45～0.6、厚 0.2 米。这些草拌泥块用稻秸秆、淡黄色细砂岩风化小颗粒与泥土掺和而成，有明显的层理现象，经高温烘烤十分坚硬，稻

① 姜振利、陶敏、宫艳君：《河北隆化金元时期兴州窑发掘简报》，《文物春秋》1995 年第 3 期。

② 福建厦门市坑仔口窑址现代龙窑 Y1～Y4 于出烟室前壁下部均设有 6 或 7 排密集的吸火孔。羊泽林、栗建安、宋蓬勃、陈建国：《东南龙窑技术的历史记忆——厦门同安坑仔口现代陶窑调查》，《南方文物》2011 年第 3 期。

③ 祝桂洪编著：《景德镇陶瓷传统工艺》，江西高校出版社，2004 年，第 124 页。吴海山：《景德镇窑结构及其热工工艺》，《陶瓷研究》1999 年第 1 期。刘振群：《窑炉的改进和我国古陶瓷的发展关系》，载中国硅酸盐学会编：《中国古陶瓷论文集》，文物出版社，1982 年，第 162～172 页。刘桢、郑乃章：《镇窑的构造及其筑砌技术的研究》，《景德镇陶瓷学院学报》1984 年第 2 期。

④ 沈子珍：《龙泉市近现代龙窑及其现状》，载浙江省博物馆编：《东方博物（第六十辑）》，中国书店，2016 年，第 100～105 页。

⑤ 穆琼洁：《甘肃临潭磨沟遗址 2012 年度发掘简报》，西北大学，硕士学位论文，2015 年，第 6～8 页。

⑥ 山西省考古研究所编著：《新绛孝陵陶窑址》，上海古籍出版社，2015 年，第 74～76 页、第 157～162 页。

⑦ 中国社会科学院考古研究所、山西省临汾市文物局编著：《襄汾陶寺——1978～1985 年考古发掘报告》，文物出版社，2015 年，第 138～139 页、第 145～146 页。

秸秆在高温作用下形成空腔。有些草拌泥块呈上窄下宽的楔形，表面有粗壮竹竿的压印痕迹（图版一七四）。该窑窑墙内壁耐火泥层仅厚 1 ~ 2 厘米。显然草拌泥块不是平抹于窑墙内壁的耐火泥层。历史时期，东亚地区升焰型或半倒焰型窑炉有构筑泥土顶的传统，可能是史前时期地下升焰型陶窑挖建穹隆顶、券拱顶做法的延续与发展[①]。河南辉县孟庄遗址二里岗文化时期的半倒焰型陶窑 XXT30Y1 其顶部可能为平顶，以草拌泥筑就[②]。湖南桑植县朱家台遗址战国中晚期的升焰型瓦窑 Y92 顶部为圆台形，土筑而成[③]。河北平山县中山国灵寿城址战国中晚期的半倒焰型陶窑 E4T2③Y1 在其窑边废陶器坑内发现不少窑顶封泥残块，推测用荆条搭建弓形拱架，再涂抹泥构筑穹隆顶[④]。河南洛阳市东周城址战国中晚期的升焰型陶窑 H437、H453 穹隆顶可能是以草拌泥构筑的[⑤]。山西临猗县铁匠营古城南汉代遗址东区西汉中晚期半倒焰型砖瓦窑 Y3、Y4 火膛顶部为穹隆顶，推测窑室顶部待装窑完毕才与火膛顶部相连接封顶，烧成后再打开出窑，如此反复使用[⑥]，这类一次性窑室顶部极有可能以泥土制成。河北藁城市台西窑址西汉时期的半倒焰型三联串窑 Y2 窑床上发现多块带草拌泥的蓝色烧土块，推测窑室顶部待装窑完成后用草拌泥封顶[⑦]。重庆云阳县晒经遗址 CⅠ区东汉早中期半倒焰型砖瓦窑 Y3 火膛的券拱顶以草拌泥构筑，推测窑室顶部也以草拌泥制成[⑧]。浙江宁波市马岭山 2 座东汉时期的半倒焰型馒头形砖瓦窑 Y1、Y2 窑内废弃堆积存在大量红烧土，部分红烧土还有一定的弧度，推测顶部可能是用泥土构筑的[⑨]。北京平谷区杜辛庄遗址东汉时期的 12 座半地穴式半倒焰型砖窑（Y1 ~ Y12），窑门低

① 见山西垣曲县宁家坡陶窑址的窑床式升焰型陶窑 Y501、Y502。陕西旬邑县下魏洛遗址的窑箅式升焰型陶窑 Y8。山西新绛县孝陵遗址 Y9、Y3、Y26、Y32、Y31 等窑床式升焰型陶窑。以上陶窑均属于庙底沟二期文化。内蒙古凉城县老虎山遗址龙山时代的窑箅式升焰型陶窑 Y2、Y3。山西省考古研究所：《垣曲宁家坡陶窑址发掘简报》，《文物》1998 年第 10 期。西北大学文化遗产与考古学研究中心、陕西省考古研究所编著：《旬邑下魏洛》，科学出版社，2006 年，第 475 ~ 478 页。《新绛孝陵陶窑址》，第 65 页、第 70 页、第 83 页、第 95 ~ 98 页、第 157 ~ 162 页。内蒙古文物考古研究所编：《岱海考古（一）——老虎山文化遗址发掘报告集》，科学出版社，2000 年，第 344 ~ 349 页。

② 报告称该窑圆形的"窑箅"应是窑床上的草拌泥保温层。刘绪将该窑认定为半倒焰型窑。河南省文物考古研究所编：《辉县孟庄》，中州古籍出版社，2003 年，第 250 ~ 251 页。刘绪：《夏商周陶瓷发展史初论》，载氏著：《夏商周考古探研》，科学出版社，2014 年，第 357 ~ 386 页。

③ 桑植县文物管理所：《湖南桑植县朱家台战国瓦窑和水井发掘报告》，《江汉考古》1994 年第 2 期。

④ 河北省文物研究所：《中山国灵寿城第四、五号遗址发掘简报》，《文物春秋》1989 年创刊号。河北省文物研究所编著：《战国中山国灵寿城：1975 ~ 1993 年考古发掘报告》，文物出版社，2005 年，第 33 ~ 35 页。

⑤ 中国社会科学院考古研究所编著：《洛阳发掘报告——1955 - 1960 年洛阳涧滨考古发掘资料》，北京燕山出版社，1989 年，第 126 ~ 132 页。

⑥ 山西省考古研究所、运城市文物局、临猗县文物旅游局、临猗县博物馆：《临猗铁匠营古城南汉代遗址发掘报告》，载山西省考古研究所、山西省考古学会编：《三晋考古（第四辑）》，上海古籍出版社，2012 年，第 457 ~ 494 页。

⑦ 河北省文物研究所、石家庄市文物研究所、藁城市文物管理所：《河北藁城市两处汉唐时期的砖瓦窑址发掘简报》，载河北省文物研究所编：《河北省考古文集（二）》，北京燕山出版社，2001 年，第 206 ~ 213 页。

⑧ 重庆市文物局、重庆市移民局编：《云阳晒经》，科学出版社，2008 年，第 91 ~ 101 页。

⑨ 宁波市鄞州区文物管理委员会、宁波市文物考古研究所：《浙江宁波市马岭山古代墓葬与窑址的发掘》，《考古》2008 年第 3 期。

矮，一般仅有 0.28～0.6 米，装窑、出窑极不方便，窑室内堆积发现有大量红烧土、青灰色烧土壁残块，很有可能是泥土顶①。江西新余市赵家山东汉时期的半倒焰型马蹄形砖窑 2001XNY1 顶部可能是以泥土构筑而成②。内蒙古和林格尔县土城子遗址汉代的第 1 号窑为半地穴式半倒焰型陶窑，以泥土构筑窑顶及地表以上的窑壁③。河南南阳市瓦房庄制陶铸铜遗址汉代半地穴式半倒焰型陶窑 Y29 以草拌泥经夯打构筑券拱顶及地表以上的窑壁④。李毓芳指出：汉代半地穴式半倒焰型陶窑顶部若非土坯或砖砌筑，很有可能是草拌泥顶，窑顶为一次性使用⑤。福建政和县凤凰山墓地东晋早期至刘宋初期的半地穴式半倒焰型砖窑 Y1 火膛的东壁与部分顶部相连⑥，火膛顶部似乎为泥土构筑，推测该窑窑室顶部可能仍是用泥土构筑的。广东潮州市北堤头窑址 1 座唐代的馒头窑炉，除窑门、窑室后壁用耐火砖砌筑，窑壁及顶部均用灰色耐火土夯筑而成⑦。广东潮州市窑上埠窑址至少有 3 座唐代馒头窑炉窑壁及顶部用耐火土分多层夯筑而成，顶部为券拱顶，厚达 0.3～0.58 米⑧。广东梅州市杉山 2 座唐代晚期馒头窑炉窑体完全用土夯筑，厚 0.14 米⑨。江西湖田窑址五代时期的馒头窑 96B·Y1 窑壁及顶部用黄土筑成⑩。安徽铜陵县团山遗址北宋晚期至南宋前期的馒头窑 Y1 窑室内堆积有大量大小不一的红烧土块。有的红烧土块一面平，另一面有木棍压印形成的凹槽。这些红烧土块应为窑顶倒塌堆积⑪。显然，该窑窑顶以泥土构筑。值得注意的是，日本大阪府藤原宫日高山 1 座 7 世纪后期的瓦窑，窑墙为砖砌，顶部同样为草拌泥土顶⑫。15、16 世纪，日本濑户窑发展出一种名为"大窑"的半球形地上单室窑炉，使用黏土块构筑穹隆顶式的窑顶⑬。而亚洲地区龙窑有搭建不同材质的拱架再涂抹草拌泥构筑券拱顶的做

① 北京市文物研究所编著：《平谷杜辛庄遗址》，科学出版社，2009 年，第 68～84 页、第 104～106 页。

② 江西省文物考古研究所、江西省新余市博物馆：《江西新余东汉窑炉、东汉至隋唐墓葬清理简报》，《南方文物》2003 年第 2 期。

③ 内蒙古自治区文物工作队：《和林格尔县土城子试掘记要》，《文物》1961 年第 9 期。

④ 河南省文物研究所：《南阳瓦房庄汉代制陶、铸铜遗址的发掘》，《华夏考古》1994 年第 1 期。

⑤ 《汉代陶窑初论》，第 84 页。

⑥ 福建博物院 陈明忠编著：《政和六朝隋唐墓》，海峡书局，2014 年，第 316～319 页、彩版一八。

⑦ 曾广亿：《广东潮安北郊唐代窑址》，《考古》1964 年第 4 期。

⑧ 广东省博物馆编：《潮州笔架山宋代窑址发掘报告》，文物出版社，1981 年，第 51～53 页。

⑨ 杨少祥：《广东梅县市唐宋窑址》，《考古》1994 年第 3 期。

⑩ 袁胜文认为该窑为砖瓦窑。《景德镇湖田窑址：1988～1999 年考古发掘报告》，第 42～43 页。《南方地区唐宋制瓷馒头窑研究》。

⑪ 安徽省文物考古研究所：《安徽铜陵县团山宋代墓葬和陶窑的发掘》，载安徽省文物考古研究所、安徽省考古学会编：《文物研究（第 18 辑）》，科学出版社，2011 年，第 255～263 页。

⑫ 熊海堂著：《东亚窑业技术发展与交流史研究》，南京大学出版社，1995 年，第 140～141 页。

⑬ 〔日〕森达也撰，王淑津译：《日本的窑业技术史》，载浙江省博物馆沈琼华主编：《中国古代瓷器生产技术对外传播研究论文集》，浙江人民美术出版社，2014 年，第 240～243 页。〔日〕Isao Shibagaki，"The Development Of Kiln Structures from the 8th to the 16th Centuries in Seto and Beyond"，edited by Ho Chuimei：Ancient Ceramic Kiln Technology in Asia，Centre for Asian Studies University of Hong Kong，1990，pp. 152－164.

法，可能是早期地下龙窑挖建券拱顶做法的延续与发展①。商周时期，南方有些龙窑的草拌泥顶塌毁于窑底，残块内壁烧结面可见枝条绑扎、竹篾编织的痕迹。发掘者推测龙窑的顶部应为券拱顶，高约 1 米②。浙江湖州市南山窑址Ⅰ区商代晚期的 Y2、Y3 龙窑为券拱顶。从坍塌的烧结块内壁来看，顶部构造有两种：一种是用竹类材料搭建半圆形拱架，直接涂抹草拌泥，经火烧烤而成；另一种是在竹拱架上铺垫席子，再在席子上涂草拌泥③。重庆忠县中坝遗址Ⅰ区汉代龙窑 Y3 窑壁外侧、窑体内坍塌有大片红烧土块，推测为券拱顶④，不排除窑顶以草拌泥构筑的可能性。浙江东阳市歌山窑一座初唐时期的龙窑沿袭了南山窑址ⅠY3 第二种做法，用细毛竹搭建半圆形拱架，毛竹两头插入距窑底 0.2 米处的窑壁之上，毛竹上铺篾片，最后铺黏土夯打而成⑤。福建建阳县将口窑 1 座唐代的龙窑窑壁内面残存密集明显的竹木印痕⑥。浙江宁波市小洞岙窑址时代为中唐时期，在窑址地层堆积中发现成堆的红烧土块。土块中间有明显成排、直径为 1～3 厘米的竹印痕，有些还呈十字交错状，推测构筑龙窑券拱顶应搭建有竹结构的拱架⑦。江西乐平市南窑遗址中晚唐时期的 2013JNY1 龙窑坍塌的窑顶烧结块带窑汗的一面留存有竹藤痕迹，推断该龙

①　见福建浦城县猫耳弄山窑址商周时期的龙窑 Y2、Y8，福建永春县苦寨坑窑址商周时期的龙窑 Y1、Y2、Y3、Y5、Y9，福建德化县与永春县交界处辽田尖山窑址商周时期的龙窑 Y1、Y2、Y5、Y6，福建武夷山市竹林坑窑址西周早中期的龙窑ⅠY1。值得注意的是，湖北随州市金鸡岭遗址屈家岭文化晚期的升焰型陶窑 Y1 为地面窑，其长条形分窑室具有龙窑的一些初始形态。该窑顶部用黏土（红烧土）构筑，略呈券拱顶。但目前这一发现尚属孤例，推测龙窑用泥土构筑券拱顶做法的起源还需更多的实物资料。郑辉、陈明忠、温松全、陈寅龙：《福建浦城县仙阳镇猫耳弄山发现商代窑群》，《中国文物报》2006 年 5 月 31 日第 1 版。郑辉、陈明忠、陈寅龙：《浦城县猫耳弄山商周窑址》，载中国考古学会编：《中国考古学年鉴（2006）》，文物出版社，2007 年，第 225～226 页。泉州市博物馆 张红兴：《福建泉州原始瓷窑址发掘的阶段性成果——发现福建省目前最早的原始瓷窑址》，《中国文物报》2016 年 7 月 15 日第 8 版。中国国家博物馆水下考古研究中心、福建博物院文物考古研究所、武夷山市博物馆编著：《武夷山古窑址》，科学出版社，2015 年，第 3～25 页、第 55～57 页。湖北省文物考古研究所、随州市博物馆编著：《随州金鸡岭》，科学出版社，2011 年，第 33～34 页、第 253～256 页。刘辉、唐宁：《试论随州金鸡岭遗址新石器时代窑址群》，《江汉考古》2012 年第 1 期。

②　绍兴县文物管理委员会：《浙江绍兴富盛战国窑址》，《考古》1979 年第 3 期。浙江省文物考古研究所、萧山博物馆：《浙江萧山前山窑址发掘简报》，《文物》2005 年第 5 期。浙江省文物考古研究所、德清县博物馆编著：《德清亭子桥——战国原始瓷窑址发掘报告》，文物出版社，2011 年，第 14～15 页、第 21～23 页。朱伯谦：《试论我国古代的龙窑》，《文物》1984 年第 3 期。王屹峰：《中国古代青瓷中心产区早期龙窑研究》，载浙江省博物馆编：《东方博物（第三十四辑）》，浙江大学出版社，2010 年，第 27～39 页。

③　浙江省文物考古研究所、湖州市博物馆：《浙江湖州南山商代原始瓷窑址发掘简报》，《文物》2012 年第 11 期。浙江省文物考古研究所、湖州市博物馆、德清县博物馆编著：《东苕溪流域夏商时期原始瓷窑址》，文物出版社，2015 年，第 113～118 页、第 238～242 页。

④　四川省文物考古研究所、忠县文物保护管理所：《忠县中坝遗址发掘报告》，载重庆市文物局、重庆市移民局编：《重庆库区考古报告集（1997 年卷）》，科学出版社，2001 年，第 604～605 页。

⑤　贡昌：《记浙江东阳歌山唐宋窑址的发掘》，载氏著：《婺州古瓷》，紫禁城出版社，1988 年，第 75 页。

⑥　福建省博物馆：《建阳将口唐窑发掘简报》，《东南文化》1990 年第 3 期。

⑦　林士民：《勘察浙江宁波唐代古窑的收获》，载文物编辑委员会编：《中国古代窑址调查发掘报告集》，文物出版社，1984 年，第 15～21 页。

窑使用竹藤类材料起券，再用泥糊砌①。朝鲜黄海南道峰泉郡圆山里窑址王氏高丽（918～1392年）早期（约10世纪中期～11世纪初）的龙窑顶部先用树枝搭建拱架，然后涂抹黏土烧结而成②。江西赣州市七里镇窑周屋坞窑包1座宋代的龙窑内发现烧结度高的窑顶残块，推测先用毛竹（或柳枝、松枝）搭建拱架，再用黏土、砂子、卵石相混合覆盖至一定厚度阴干成型。在高温的作用下，毛竹灰与黏土能够生成具有保温作用的磷酸铝③。朝鲜黄海南道瓮津郡隐洞里瓷窑址王氏高丽末期的南坡1号窑址有2座并列分布的龙窑其侧壁、券拱顶用黏土修筑④，可能需要搭建拱架。泰国武里南府10～13世纪窑址的龙窑横剖面呈椭圆形，修建时先搭建竹子拱架再敷泥⑤。上述中国唐宋时期的馒头形瓷窑有用土或耐火土夯筑券拱顶的做法。这些馒头窑炉平面多呈长方形、长椭圆形，还没有完全脱离龙窑的形态特征，推测其夯筑顶部时依然要构筑不同材质的拱架。值得注意的是，浙江德清县亭子桥原始瓷窑址战国早中期龙窑构建时需搭建竹木拱架。Y5内发现的草拌泥块其稻秸秆、竹竿痕迹与亭子桥窑址龙窑顶部黏土块上的稻草痕迹、窑壁上的竹木条印痕都非常相像⑥。因此，我们推测西坝窑Y5顶部为草拌泥穹隆顶，构筑方法为：先以竹子绑扎构建穹隆形拱架，随后用草拌泥反复涂抹并晾干，最后用火烘烤成形，竹拱架在高温作用下燃尽消失，其密闭性、保温隔热性能应当不逊于砖石顶。该窑炉采用草拌泥穹隆顶可能是因为窑炉体量巨大，用砖石砌筑大跨度穹隆顶的施工技术难度较大，于是因地制宜选用当地触手可得的建筑材料来构筑这种轻量化框架式结构窑顶（图六二）。

Y1门道内残存的瓦砾层、柱础为工棚遗迹，类似的现象见于南方地区：湖南蓝山县五里坪窑址东汉至两晋时期的半倒焰砖窑Y1。该窑操作室周边有4个呈梯形分布的柱洞。柱洞应为操作室上建筑所使用⑦。安徽歙县王塘尾窑址五代至北宋时期的龙窑Y2。该窑窑前操作室四角现存6、7块大而平整的柱础石，用于支撑窑棚⑧。它们的用途都是为窑业活动遮蔽风雨。

Y2火道与烟囱相连的做法在宋元时期馒头窑炉之中是比较特殊的。我国历史时期已知的半

① 张文江：《景德镇南窑遗址考古发掘的重要收获》，载浙江省博物馆编：《东方博物（第五十一辑）》，中国书店，2014年，第78～86页。

② 〔朝〕金荣晋：《黄海南道峰泉郡圆山里青瓷窑发掘简报》，《朝鲜考古研究》1990年第2期。金英兰：《朝鲜半岛早期高丽青瓷初步研究——以中部地区砖筑窑为主》，吉林大学，硕士学位论文，2011年，第20～22页。

③ 聂强：《赣州七里镇古窑址发现全国最大龙窑》，《江南都市报》2014年12月30日A04版。肖发标、余盛华、刘龙：《破解宋代龙窑建造技术之谜——江西赣州七里镇窑址考古获重要发现》，《中国文物报》2015年2月27日第4版。

④ 韩国文化财管理局、文化财研究所编，包艳玲译，刘玉成、王宇校：《朝鲜文化遗迹发掘概报》（内部信息资料），2011年，第281～282页。

⑤ 〔泰〕Natthapatra Chandavij，"Ancient Kiln in Buriram Province, North - eastern Thailand", edited by Ho Chuimei：Ancient Ceramic Kiln Technology in Asia, Centre for Asian Studies University of Hong Kong, 1990, pp. 230 - 244.

⑥ 《德清亭子桥——战国原始瓷窑址发掘报告》，彩版六。

⑦ 陈斌：《湖南蓝山五里坪古窑址2016年11月～12月份发掘概况》，见湖南省文物考古研究所官网 http：//www.hnkgs.com，2016年12月23日。

⑧ 安徽省文物考古研究所：《安徽歙县王塘尾五代至北宋窑址发掘简报》，载安徽省文物考古研究所、安徽省考古学会编：《文物研究（第16辑）》，黄山书社，2009年，第213～228页。

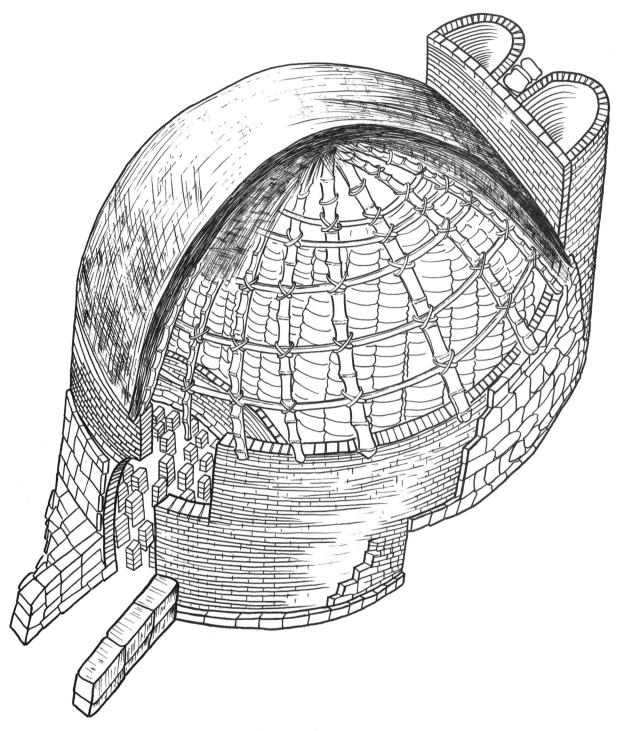

图六二　Y5 复原示意图

倒焰型或全倒焰型窑炉当中至少有 56 座①采用与之类似的做法。第一类半倒焰型砖瓦窑、陶窑、
瓷窑，在靠烟道的窑床面上设置多条砖坯或砖火道，或者在窑床面上用窑柱等支烧具、支垫具砌

---

① 该数据不包括窑床两侧顺窑壁挖出环形槽状火道的馒头窑炉。

筑火道，火道一端与烟道相连。共 12 座。其中砖瓦窑共 10 座。其一、其二、其三为陕西西安市汉长安城北宫遗址南面的砖瓦窑址西汉时期的 Y36、Y38、Y40。它们的砖坯火道遗迹保存较差①。其四为藁城市台西窑址西汉时期的三联串窑 Y2，在中南侧窑床面保留有 10 余条砖火道②。其五为常德市武陵路东汉早中期的 Y1，设置 6 条砖坯火道③。其六为河南偃师市汉魏洛阳城址东汉时期的 89·207·Ⅸ区 T2Y1，设置多达 20 余条的砖坯火道④。其七、其八、其九为五里坪窑址东汉至两晋时期的 Y1、Y2、Y5，窑床面上残存多条成排分布的砖火道遗迹⑤。其十为重庆市万州区黄柏溪遗址六朝时期的 Y1，设置 19 条火道⑥。陶窑为重庆忠县上油坊遗址汉代的 3 号窑炉⑦。瓷窑仅见江官屯窑址第一地点金代中后期 Y1 的早期阶段窑炉⑧。此类做法在东亚地区馒头形瓦窑一直有迹可循，而在福建漳州窑明代的横室阶级窑仍能见到。韩国忠清南道清阳郡王津里窑 6 世纪后期的百济时期（约 350~660 年）瓦窑 Y4 在窑床上用石块砌筑 14 个高 0.15~0.2 米的烧台，呈 4 纵列，形成 3 条火道。该窑炉是中国南朝砖瓦窑技术传至朝鲜半岛的产物⑨。日本专门烧造陶瓦的"开顶式平窑"，出现于平安时代末期（12 世纪末期），流行于镰仓（1185~1333 年）、室町（1336~1573 年）时代，后成为瓦窑的基本形式。这类窑在窑床上砌筑多道置放瓦坯的条状土棱，土棱之间的沟槽便形成火道⑩。福建平和县花仔楼窑址的 94PHWY3、大垅窑址的 94PXDY1 为适应烧制大盘的特殊需要，在窑室底部用单砖砌筑 7 道间距不等的阶梯式矮墙状烧台，烧台之间的空间实际起着火道的作用。两窑的时代均为明万历至崇祯年间（1573~1643 年）⑪；第二类半倒焰型陶窑，专门用于烧制陶俑，在窑床面正中设置一条砖砌分火道隔墙。此分火道隔墙一端与窑床前缘的砖砌隔火墙呈"丁"字形相交，另一端与窑室后壁相连，将窑床分为两个大小相同的部分。分火道隔墙为单砖顺砌，由下而上自第 2 层起每一层砖与砖之间留有宽约 5 厘米的吸火孔，相邻上下层的吸火孔错位排列。共 4 座。其一、其二、其三、其四分别

① 中国社会科学院考古研究所汉城工作队：《汉长安城北宫的勘探及其南面砖瓦窑的发掘》，《考古》1996 年第 10 期。
② 《河北藁城市两处汉唐时期的砖瓦窑址发掘简报》
③ 简报撰写者认为是 3~5 条火道，但"图二、Y1 平剖面图"应为 6 条。《湖南常德市城区发现汉代砖窑》。
④ 中国社会科学院考古研究所洛阳汉魏城队：《汉魏洛阳城发现的东汉烧煤瓦窑遗址》，《考古》1997 年第 2 期。
⑤ 《湖南蓝山五里坪古窑址 2016 年 11 月~12 月份发掘概况》。
⑥ 重庆市博物馆、益阳市文物管理处、重庆万州区文物管理所：《万州黄柏溪遗址发掘报告》，载重庆市文物局、重庆市移民局编：《重庆库区考古报告集（1998 年卷）》，科学出版社，2003 年，第 506~538 页。
⑦ 全洪、覃杰：《忠县上油坊遗址发掘西周遗存和汉代城址》，《中国文物报》2002 年 2 月 1 日第 1 版。
⑧ 《辽宁辽阳江官屯瓷窑址考古发掘获得重要成果》。《辽阳江官屯窑初步研究》。《辽宁辽阳市江官屯窑址第一地点 2013 年发掘简报》。
⑨ 《东亚窑业技术发展与交流史研究》，第 137~138 页、第 127 页。
⑩ 《东亚窑业技术发展与交流史研究》，第 142~143 页。
⑪ 福建省博物馆编：《漳州窑——福建漳州地区明清窑址调查发掘报告之一》，福建人民出版社，1997 年，第 30~42 页、第 58~63 页、第 91~98 页。栗建安：《中国福建地区考古发现的古代窑炉》，载浙江省博物馆沈琼华主编：《中国古代瓷器生产技术对外传播研究论文集》，浙江人民美术出版社，2014 年，第 1~13 页。

为相家巷窑址西汉时期的 Y8、Y11、Y21、Y22，以 Y21、Y22 两窑炉的分火道隔墙保存最为完好[①]；第三类半倒焰型馒头窑炉，于窑床面上挖出 1 ~ 3 条槽状火道，有些再用砖砌筑，火道两端分别与火膛、烟道相连。共 14 座。其中陶窑共 7 座。其一为孟庄遗址二里岗文化时期的 XXT30Y1，其二为孟庄遗址西周时期的ⅧT114Y1[②]，其三为山西曲沃县天马—曲村遗址Ⅰ区西周早期的 Y101，其四为天马—曲村遗址 J6 区春秋中期的 Y11[③]。其中天马—曲村遗址 Y101、Y11二窑均为挖建于生土层中的窑穴式窑。其五、其六为河北武安市（原武安县）午汲古城战国时代的 Y1、Y2[④]。其七为陕西澄城县坡头村汉代铸钱遗址西汉时期的三号陶窑[⑤]。砖瓦窑共 7 座。其一为湖北秭归县东门头遗址西汉时期的 Y5[⑥]，其二为湖北巴东县旧县坪遗址东汉时期的 Y3[⑦]，其三为浙江宁波市越窑遗址东钱湖窑场五代晚期至宋代的ⅣY6[⑧]，其四为江苏南京市小行里窑址南宋时期的 Y1[⑨]，其五、其六、其七为湖北武汉市庙山官置窑址明代的 Y1 ~ Y3[⑩]；第四类全倒焰型馒头窑炉，于窑床面上用土坯、砖砌筑多条火道，火道两端分别与火膛、烟道相连，坯件置于火道之上。有些窑炉窑床两侧的火道顺窑壁的走势略呈弧形。个别窑炉火道上还用砖砌筑密集的吸火孔。至少有 24 座，均为琉璃窑。这些窑炉分别位于江苏南京市聚宝山明代琉璃窑址[⑪]、安徽凤阳县乔涧子明代琉璃窑址[⑫]。其中聚宝山窑址眼香庙有 3 座，窑岗村的 20 座时代多为洪武

①　《汉长安城窑址发掘报告》。

②　《辉县孟庄》，第 250 ~ 251 页、第 341 ~ 342 页。

③　北京大学考古学系商周组、山西省考古研究所编著：《天马—曲村遗址（1980 – 1989）》，科学出版社，2000 年，第 44 ~ 45 页、第 182 ~ 184 页。

④　Y2 窑床上的 2 条火道呈十字形，比较特殊。河北省文物管理委员会：《河北武安县午汲古城中的窑址》，《考古》1959 年第 7 期。

⑤　陕西省文管会、澄城县文化馆联合发掘队：《陕西坡头村西汉铸钱遗址发掘简报》，《考古》1982 年第 1 期。

⑥　国务院三峡工程建设委员会办公室、国家文物局编著：《秭归东门头》，科学出版社，2010 年，第 117 ~ 316 页。

⑦　国务院三峡工程建设委员会办公室、国家文物局编著：《巴东旧县坪》，科学出版社，2010 年，第 31 ~ 42 页。

⑧　宁波市文物考古研究所编著：《郭童岙——越窑遗址发掘报告》，科学出版社，2013 年，第 216、218、239、246页。

⑨　南京市考古研究所、南京市雨花台区文化广播电视局：《南京雨花台小行里宋代窑址发掘简报》，载南京市博物总馆、南京市考古研究所编著：《南京文物考古新发现（第四辑）》，文物出版社，2016 年，第 117 ~ 124 页。

⑩　武汉市文物考古研究所、武汉市江夏区博物馆：《武汉江夏庙山明代官置砖窑调查发掘简报》，《江汉考古》2016年第 6 期。

⑪　眼香庙共有 6 座窑炉，其中第 1、3、4 号窑炉早年已毁，故不统计入内。第 5、6 号窑炉未公布具体情况，考虑到它们与第 2 号窑炉同属一组串窑，故仍统计入内。窑岗村 A、C 型窑炉现存火道不与火膛相连，但参考眼香庙第 2 号窑炉的火道、窑岗村 Y12 的火道痕迹，我们推测 A、C 型窑炉可能遭到晚期破坏，火道仍应与火膛相连，故统计入内。南京博物院：《明代南京聚宝山琉璃窑》，《文物》1960 年第 2 期。陈钦龙：《明代南京聚宝山琉璃窑的几个问题》，《江苏地方志》2009 年第 1 期。郑州大学历史学院、南京师范大学文物与博物馆学系、南京市考古研究所：《江苏南京雨花台窑岗村明代琉璃窑址发掘简报》，《文物》2015 年第 10 期。刘可栋：《试论我国古代的馒头窑》，载中国硅酸盐学会编：《中国古陶瓷论文集》，文物出版社，1982 年，第 173 ~ 190 页。《东亚窑业技术发展与交流史研究》，第 80 页。

⑫　罗虎、唐更生、朱江：《安徽凤阳县乔涧子明代琉璃窑发掘收获》，载安徽省文物考古研究所、安徽省考古学会编：《文物研究（第 21 辑）》，科学出版社，2015 年，第 259 ~ 261 页。

至宣德年间（1368～1435 年）。眼香庙第 2 号窑火道上还用砖砌筑密集的吸火孔。乔洞子窑址明代早中期的 Y9 窑床上残存吸火孔痕迹；第五类全倒焰型馒头窑炉，于窑床面下设置炕洞，炕洞内再用废弃板瓦、方砖、石板、耐火砖、匣钵、窑柱等物砌筑多条火道，火道两端分别与火膛、烟道相连，部分热量通过炕洞内火道由烟道散出。共 2 座，分别为瓷窑和琉璃窑，瓷窑为江官屯窑址第一地点金代中后期的 Y8，琉璃窑为湖北丹江口市庞湾窑址明代的窑炉①。因整体保存状况不佳，西坝窑 Y2 是否存在多次改建活动，火道与现存火膛及窑床的关系，其火道形制与第一、四类火道类似，所处位置又与第五类火道相类，是否为一种综合以上三类火道特征的新形制，是否属于半倒焰型馒头窑炉向全倒焰型馒头窑炉过渡的一个中间形态，这些都是需要在今后田野考古工作中进一步关注探索的问题。

Y2 排水暗道推测用于停窑期间能够及时排出烟囱内因降水形成的积水。窑炉内设排水设施的做法多见于南方地区：金凤窑有 2 座窑炉在窑床下有用半块匣钵铺就的排水设施，但窑炉编号、排水设施的具体形制均不详。广东潮州市笔架山北宋时期的 3 号窑为一阶级窑，第 1 段窑床紧靠右壁的底部有一条长达 12 米的排水沟伸出窑外②。湖南益阳市羊舞岭窑瓦渣仑窑址 II 区南宋中后期至元代早期 4 座有叠压关系的龙窑（Y29、Y52～Y54）其窑室、窑尾、排烟室设有 5 条通往窑外的排水沟（G1～G5）。其中 G3～G5 为暗沟，G5 与排烟室相接，而 G3、G4 位于窑室的铺底窑沙之下，一端与窑墙下排水孔相接，一端与窑门相通③。

Y1、Y5 烟囱前壁局部使用残损窑砖砌筑，后壁基本使用残损窑砖砌筑，这一做法在景德镇地区的镇窑仍予以采用④。

综上所述，Y1、Y5 复杂的吸火排烟系统、Y5 顶部可能为草拌泥穹隆顶、Y2 火道与烟囱相连的做法，以及 Y2 的排水暗道均属新发现，对于丰富我们对南方地区宋元时期馒头窑炉的认识有着极为重要的作用。

---

① 《辽宁辽阳江官屯瓷窑窑址考古发掘获得重要成果》。《辽阳江官屯窑初步研究》。《辽宁辽阳市江官屯窑址第一地点 2013 年发掘简报》。

② 《潮州笔架山宋代窑址发掘报告》，第 4 页。

③ 湖南省文物考古研究所、益阳市文物管理处：《湖南益阳羊舞岭瓦渣仑窑址 II 区发掘简报》，载湖南省文物考古研究所编：《湖南考古辑刊（第 11 集）》，科学出版社，2015 年，第 142～162 页。

④ 《景德镇陶瓷传统工艺》，第 126 页。

六　结语

通过前面的叙述、讨论，我们对西坝窑可以得出以下基本认识：

西坝窑是一处古代地方性的民窑遗址，大致兴起于北宋，盛烧于南宋至元代，延续至明代，衰落于清代。与同时代相同类型窑炉相比较，Y1、Y5 可能是目前我国宋元时期规模数一数二的大型馒头窑炉，二窑炉热工工艺设计先进，十分罕见。

出土的实物标本以生活器类为主，时代明确，门类较为齐全，工艺较精，是一批具有重要科研价值的资料。综合分析该窑址的窑炉、产品、装烧工艺，它在受到北方磁州窑、耀州窑等名窑影响的同时，与同时期四川盆地西部的金凤窑—瓦岗坝窑窑区，以及盆地东部的涂山窑系的关系非常密切，特别是与涂山窑系二者产品品类、形制极为相像①，应该有着共同的市场定位，它们的行销市场可能也有所重叠。

西坝窑充分利用当地自然资源，发挥"当荆、蜀、渝、泸要道"②的地理区位优势，依托岷

---

① 西坝窑与金凤窑—瓦岗坝窑窑区共有 13 种器形形制相同或相近，而与涂山窑系有 20 种器形形制相同或相近。西坝窑 A 型侈口碗与金凤窑 Bb 型黑釉大碗（T62③：18）、C 型折腹碗与金凤窑 C 型黑釉圈足小碗（T34③：131）、D 型盏与金凤窑 II 类 Fb 型黑釉盏（T44③：161）、盘与金凤窑 Ab 型黑釉盘（T44②：341）、A 型圈足小杯与金凤窑 A 型黑釉圈足小碗、B 型双系罐与金凤窑 Bb 型黑釉双耳小罐（T44③：6）、D 型双系罐与金凤窑 D 型黑釉双耳小罐、奁与金凤窑 A 型白釉樽形碗（T44④：37）、A 型瓶与金凤窑 Aa 型褐釉瓶（T44②：391）、A 型钵形匣钵与金凤窑 A 型钵形匣钵（Y11：332）形制相同或相近。西坝窑 A 型深腹钵与瓦岗坝窑 B 型 I 式白釉或内白外酱釉钵、盘与瓦岗坝窑 A 型 III 式白釉盘、Aa 型碟与瓦岗坝窑 A 型 III 式白釉或酱釉碟、A 型漏斗形匣钵与瓦岗坝窑 Cb 型匣钵形制相同或相近。西坝窑 A 型敞口碗与涂山窑 Aa 型黑釉素口大碗、B 型敞口碗与涂山窑 Ab 型黑釉素口大碗、A 型侈口碗与涂山窑 Ba 型黑釉素口大碗、A 型侈口碗与涂山窑 D 型黑釉素口大碗、B 型折腹碗与涂山窑 Cc 型黑釉素口小碗、杯与涂山窑黑釉杯、A 型深腹钵与涂山窑 Db 型黑釉素口小碗、A 型盏与涂山窑 Ca 型黑釉盏、B 型盏与涂山窑 Cb 型黑釉盏、盘与涂山窑 Ab 型 I 式黑釉素口盏、A 型双系罐与涂山窑 Aa 型黑釉双耳罐、B 型双系罐与涂山窑 Ba 型黑釉双耳罐、D 型双系罐与涂山窑 Cd 型 II 式黑釉双耳罐、B 型器盖与涂山窑 Aa 型 II 式器盖、A 型灯盏与涂山窑 Ba 型灯盏、A 型瓶与涂山窑 Aa 型 I 式瓶、A 型钵形匣钵与涂山窑 A 型碗形匣钵、A 型漏斗形匣钵与涂山窑 Ba 型漏斗形匣钵、A 型筒形小垫托与涂山窑 Aa 型垫托、B 型筒形小垫托与涂山窑 Ab 型垫托形制相同或相近。《都江堰市金凤窑发掘报告》《都江堰市金凤乡瓦岗坝窑发掘报告》《重庆涂山窑》，第 39 ~ 109 页。《合川区盐井瓷窑址发掘简报》。

② （宋）祝穆撰，（宋）祝洙增订，施和金点校：《方舆胜览》卷五十二《嘉定府》，中华书局，2003 年，第 937 页。

江流域发达的水陆交通系统①，占有川南地区广大的民间市场②，甚至渗透入涂山窑的行销区内③，地位比较突出显著。

　　相对于西坝窑庞大的分布面积，此次清理发掘只能算是浮光掠影式的工作，但为开启西坝窑综合研究揭开了序幕，为深化西南地区宋元时期的陶瓷考古研究做出了应有的历史贡献。

---

　　① 汉代，蜀郡至犍为郡需要途经的"东沮津"一说大致在今五通桥区境内。唐代嘉州玉津县设有一陆驿"四望驿"，应在今五通桥区竹根镇茫溪河与岷江交汇处附近。宋代，今五通桥区可能是一名为"罗护镇"的市镇，是嘉州至犍为县水路的必经之地。元代，今乐山市至犍为县之间共设三处水驿，依次为"越坝"、"三圣"、"净江"等三驿。三圣驿位于今五通桥区金粟镇（磨子场）。明代，今五通桥区设有"四望溪口巡检司"，今西坝镇成为嘉定州至犍为县水路经停地。清初，受战乱影响元明以来的水驿体系已衰落残破，今西坝镇升格为嘉定州至犍为县水路必经之地，嘉庆年间设有"西坝铺"。至1949年前，今西坝镇一带以新垣子码头规模最大。（晋）常璩著，任乃强校注：《华阳国志校补图注》卷三《蜀志》，上海古籍出版社，1987年，第152～154页。陈沅远：《唐代驿制考》，载燕京大学历史学会编：《史学年报》第1卷第5期，景山书社，1933年，第89页。王涯军：《宋代川峡四路市镇地理考》，载重庆市地理学会历史地理专业委员会、西南大学历史地理研究所编：《西南史地（第一辑）》，巴蜀书社，2009年，第151至153页。蓝勇：《元代四川驿站汇考》，《成都大学学报》（社科版）1991年第4期。（明）刘大谟等纂修：《（嘉靖）四川总志》卷十三《嘉定州志》，载北京图书馆古籍出版编辑组编：《北京图书馆古籍珍本丛刊》第42册，书目文献出版社，1998年，第245页。（明）程春宇辑，杨正泰点校：《土商类要》卷二，载杨正泰撰：《明代驿站考》（增订本）附录三，上海古籍出版社，2006年，第355页。《（乾隆）犍为县志》卷一《地理志》，第182页。《（嘉庆）犍为县志》卷三《建置志》。《五通桥区志》，第398页。

　　② 四川叙永县南宋时期石室墓09SLXTM1曾出土1件西坝窑黑釉双系瓷罐（09SLXTM1：2）。墓葬所处地域为纯州（顺州）僚人罗永顺群落势力范围。四川省文物考古研究院、泸州市博物馆、叙永县文物管理所：《四川叙永天池宋墓清理简报》，《四川文物》2010年第2期。

　　③ 重庆忠县中坝遗址1座宋代瓷器窖藏曾出土64件西坝窑瓷碗。重庆巫山县巫山古城遗址出土过西坝窑黑釉瓷碗、盏。四川省文物考古研究所、重庆市文化局三峡办、忠县文物管理所：《忠县中坝遗址宋代瓷器窖藏发掘简报》，《四川文物》2001年第2期。陈丽琼、董小陈著：《三峡与中国瓷器》，重庆出版社，2010年，第103页。

后　记

　　本书是乐山西坝窑的正式考古发掘报告，是根据 2008 年四川省文物考古研究院与乐山市文物保护研究所、五通桥区文物保护管理所合作对该窑址取得的考古发掘成果整理编纂而成的。

　　本报告从整理、编写到完成定稿，都是在四川省文物考古研究院高大伦院长、周科华副院长的指导下完成。

　　本报告文字部分对实物资料的分析认识、篇章体例、术语规范等均经由胡昌钰、任江反复讨论商定，最终由任江、胡昌钰共同撰写完成。报告所采用的探方、遗迹底图分别由胡昌钰与成都文物考古研究所的卢引科绘制，室内整理阶段任江又对该部分底图加以校订修正。遗址位置示意图由王静绘制。器物底图由曾令玲绘制。底图的清绘工作由曾令玲完成，李建伟亦承担少部分工作。器物修复由代兵、牛源负责。照片由胡昌钰、江聪、任江等人分别摄制。

　　本报告的整理、出版是在四川省文化厅王琼副厅长、四川省文物局濮新专职副局长、何振华副处长等领导的关心下得以完成的。发掘中乐山市文化广电新闻出版局的龚永利副局长、唐长寿科长、曾纯净科长，以及五通桥区文化体育广电新闻出版局的王中其股长，多次莅临指导，及时解决我们在协调方面遇到的诸多棘手的问题。同时发掘中还得到建益村 5 组村民曾祥贵一家给予的热心帮助，解决我们在食宿、用工等方面遇到的种种困难。报告撰写中符永利、苏鹏力、段艳兰等师友多次惠赐所需各类研究资料。在此，我们谨致以衷心的感谢！

编　者

2016 年 12 月

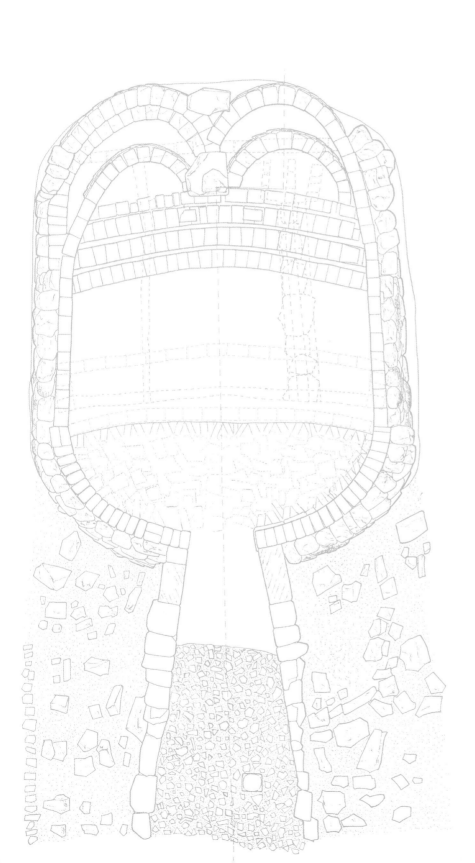

图版一　西坝窑远景（东—西）

图版二　Y1、Y2远景（北—南）

图版三　Y1、Y2 露头（北—南）

图版四　Y1、Y2 清理中（东北—西南）

图版五　Y1、Y2 清理中（南—北）

图版六　Y1、Y2 正视（西北—东南）

图版七　Y1、Y2 侧视（西—东）

图版八　Y1、Y2 侧视（西南—东北）

图版九　Y1、Y2 后视（东南—西北）

图版一〇　Y1 门道正视（西北—东南）

图版一一　Y1门道瓦砾层及石柱础（西北—东南）

图版一二　Y1门道左侧护墙（西南—东北）

图版一三　Y1 门道右侧护墙（东北—西南）

图版一四　Y1 火膛（东北—西南）

图版一五　Y1窑床面及挡火墙正视（西北—东南）

图版一六　Y1挡火墙侧视（西—东）

图版一七　Y2 右侧火道（西北—东南）

图版一八　Y2 右侧火道及排水暗道（东北—西南）

图版一九　Y2 右侧火道及排水暗道（揭去排水暗道盖板，西南—东北）

图版二〇　Y3 正视（西—东）

图版二一　Y3 侧视（西北—东南）

图版二二　Y3 侧视（东南—西北）

图版二三　Y3俯视（西—东）

图版二四　Y4正视（西北—东南）

图版二五　Y4侧视（西—东）

图版二六　Y4 侧视（东北—西南）

图版二七　Y4 后视（东南—西北）

图版二八　Y5 远景（北—南）

图版二九　Y5 正视（东北—西南）

图版三〇　Y5 侧视（东—西）

图版三一　Y5 侧视（西—东）

图版三二　Y5 侧后视（西—东）

图版三三　Y5 门道（东北—西南）

图版三四　Y5 火膛侧视（东—西）

图版三五　Y5 火膛侧视（西—东）　　　　　　图版三六　Y5 火膛东南角细部（东—西）

图版三七　Y5 火膛东南角细部（西—东）

图版三八　Y5 挡火墙正视（东北—西南）

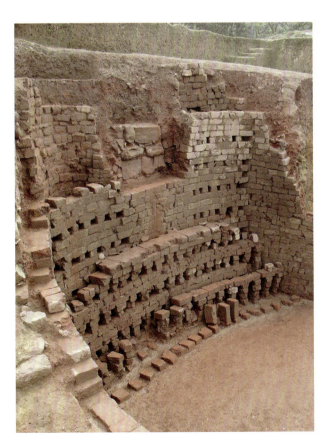

图版三九　Y5 挡火墙侧视（东—西）

图版四〇　Y6 正视（东—西）

图版四一　Y6 侧视（东北—西南）

图版四二　Y6 侧视（西南—东北）

图版四三　Y6 侧视（南—北）

图版四四　Y6 侧视（北—南）

图版四五　Y6 后视（西—东）

图版四六　Y6 烟囱正视（东—西）

图版四七　Y6烟囱侧视（南—北）

图版四八　Y6右侧护墙（南—北）

图版四九　A 型敞口碗 H3：8

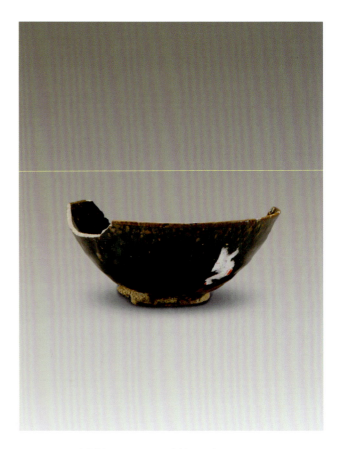

图版五○　A 型敞口碗 H3：10

图版五一　A 型敞口碗 H3：11

图版五二　A 型敞口碗 H3：18

图版五三　A 型敞口碗 H4：26

图版五四　A 型敞口碗 T2⑥：18

图版五五　A 型敞口碗 H4：14

图版五六　A 型敞口碗 T2⑥：15

图版五七　A 型敞口碗 H3：12

图版五八　B 型敞口碗 T2 ⑥：14

图版五九　B 型敞口碗 H4：40

图版六〇　C 型敞口碗 T2 ⑦：22

图版六一　Da 型敞口碗 H1：12

图版六二　Da 型敞口碗 T3 ②：7

图版六三　Db 型敞口碗 H4：33

图版六四　A 型侈口碗 T1 ②：10

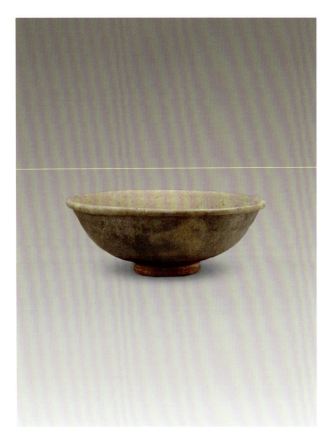

图版六五　A 型侈口碗 T2 ⑥∶13　　　　　　　图版六六　A 型侈口碗 Y1∶23

图版六七　敛口碗 Y3∶4　　　　　　　图版六八　A 型折腹碗 Y5∶19

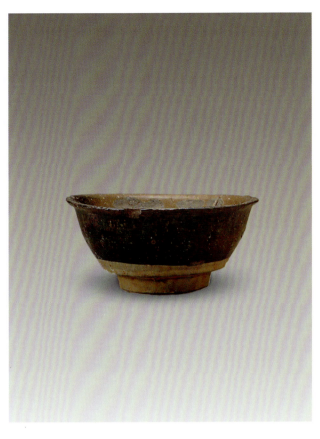

图版六九　A 型折腹碗 Y5：23

图版七〇　A 型折腹碗 Y5：35

图版七一　A 型折腹碗 Y5：35

图版七二　A 型折腹碗 Y5：34

图版七三　A型折腹碗 Y5：34

图版七四　A型折腹碗 Y5：33

图版七五　A型折腹碗 Y5：33

图版七六　B型折腹碗 Y5：30

图版七七　B 型折腹碗 Y5：39

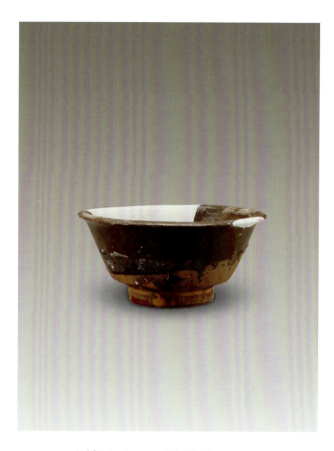

图版七八　C 型折腹碗 Y5：18

图版七九　C 型折腹碗 Y5：29

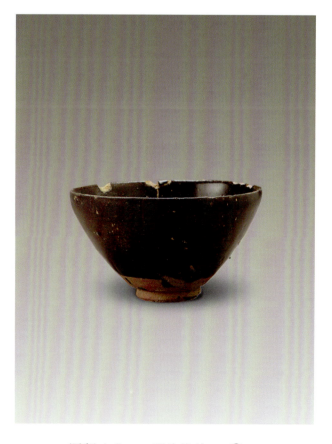

图版八〇　A 型斗笠碗 T3②：3

图版八一　A型斗笠碗 T3②：9

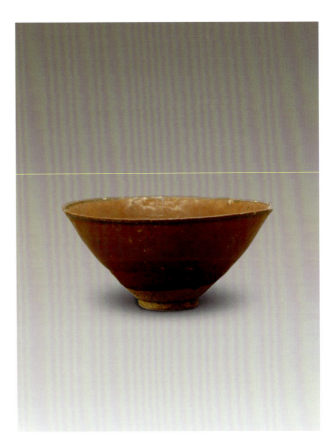

图版八二　A型斗笠碗 T3②：8

图版八三　B型斗笠碗 Y3：1

图版八四　A型深腹钵 H3：3

图版八五　A 型深腹钵采：22

图版八六　B 型深腹钵 H4：17

图版八七　A 型碗形大钵 T2 ⑦：7

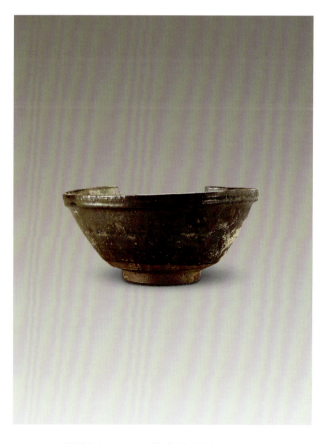

图版八八　A 型碗形大钵 Y3：20

图版八九　B型碗形大钵 H4：27

图版九〇　A型盏 T3 ②：5

图版九一　A型盏 T3 ②：10

图版九二　B型盏 H4：16

图版九三　C 型盏 T2 ⑤：13

图版九四　C 型盏 H4：18

图版九五　C 型盏 T2 ⑦：20

图版九六　C 型盏采：47

图版九七　D 型盏 H3：38

图版九八　D 型盏 H3：27

图版九九　D 型盏 T2 ⑥：1

图版一〇〇　E 型盏 Y3：7

图版一〇一　E 型盏 T2 ⑤：27

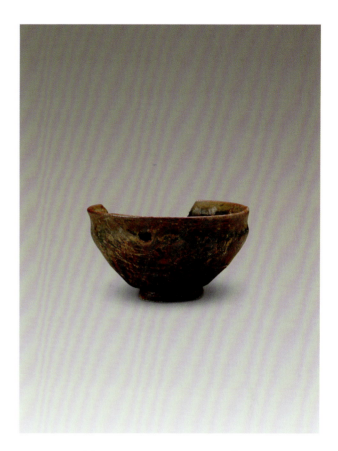

图版一〇二　Fa 型盏 T2 ⑦：19

图版一〇三　Fb 型盏 H4：7

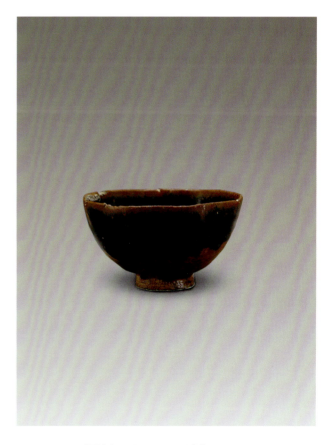

图版一〇四　G 型盏 Y4：3

图版一〇五　H 型盏 H4：31

图版一〇六　盘 T2 ⑥：12

图版一〇七　盘 H4：13

图版一〇八　盘 T2 ⑥：8

图版一〇九　Aa 型碟 T3 ②：14

图版一一〇　Ab 型碟 Y5：37

图版一一一　C 型碟 H3：34

图版一一二　C 型碟 T2 ⑤：12

图版一一三　C 型碟 T2 ⑥：27

图版一一四　C 型碟 Y3：12

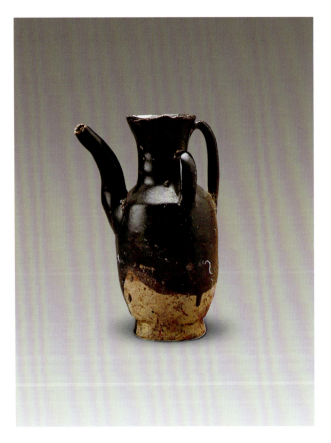

图版一一五　A 型束颈执壶 T3 ②：6

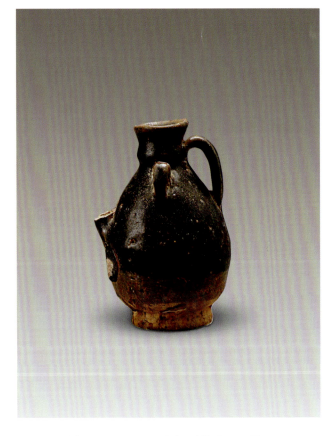

图版一一六　B 型束颈执壶 T1 ①：1

图版一一七　B 型扁腹壶 T2 ④∶4

图版一一八　A 型圈足小杯 T3 ②∶2

图版一一九　A 型圈足小杯 Y3∶9

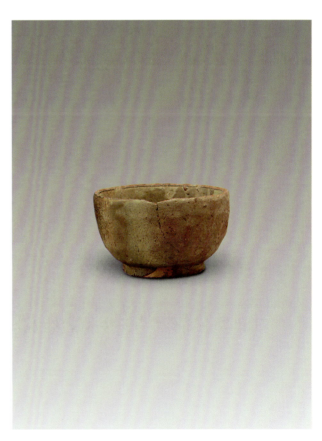

图版一二〇　B 型圈足小杯 T2 ⑤∶19

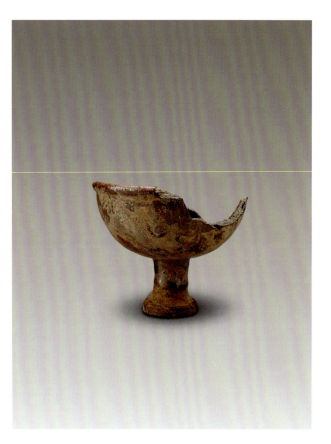

图版一二一　A 型高足杯 H1：22

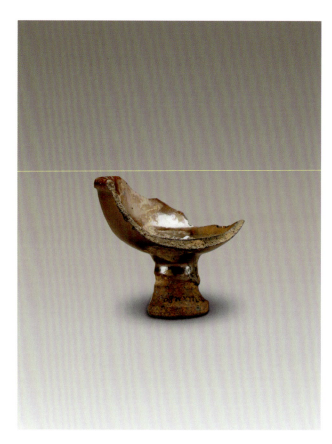

图版一二二　B 型高足杯 T2 ⑥：39

图版一二三　A 型双系罐 H3：5

图版一二四　A 型双系罐 T2 ⑤：4

图版一二五　A 型双系罐 T2 ⑦：2

图版一二六　B 型双系罐 T2 ④：5

图版一二七　Cb 型双系罐 T3 ①：1

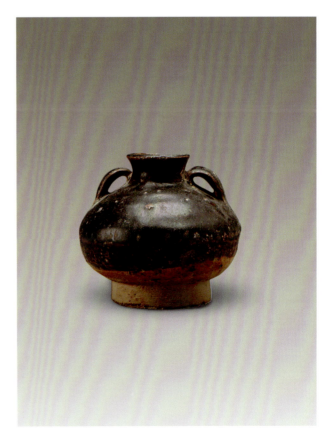

图版一二八　D 型双系罐 T2 ④：2

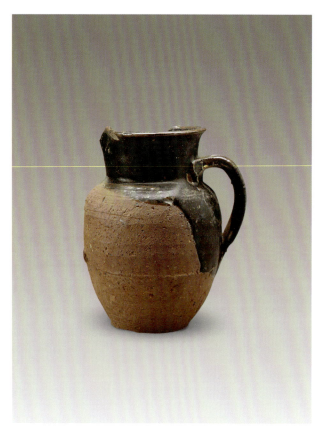

图版一二九　B 型带流罐 T2 ④∶6

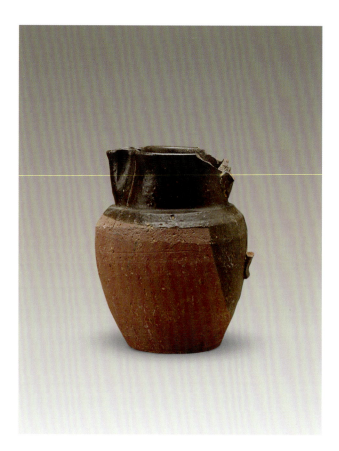

图版一三〇　C 型带流罐 T2 ⑥∶25

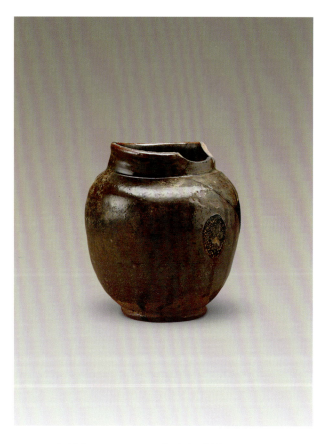

图版一三一　B 型无流系罐 H4∶39

图版一三二　盉 Y3∶18

图版一三三　A 型瓶 T2 ④ : 8

图版一三四　A 型瓶 T2 ⑦ : 8

图版一三五　D 型瓶 T2 ⑦ : 10

图版一三六　花插 T2 ⑦ : 1

图版一三七　B 型香炉 T2 ⑤：40

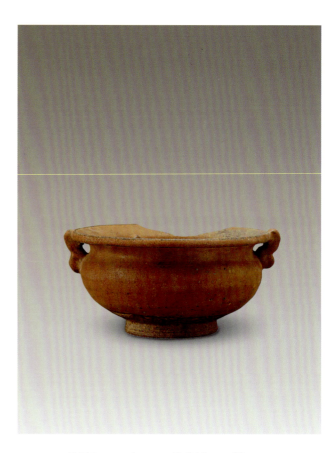

图版一三八　C 型香炉 T2 ④：36

图版一三九　灯 Y1：3

图版一四〇　砚滴 Y1：5

图版一四一　Da 型器盖 Y5：46

图版一四二　A 型筒形匣钵 Y1：13

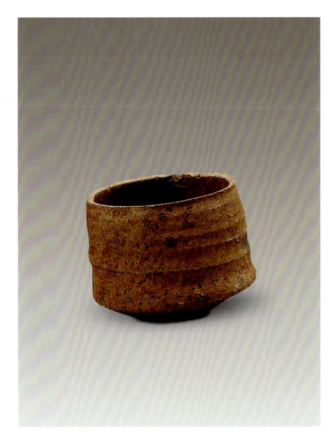

图版一四三　B 型筒形匣钵 T2 ④：40

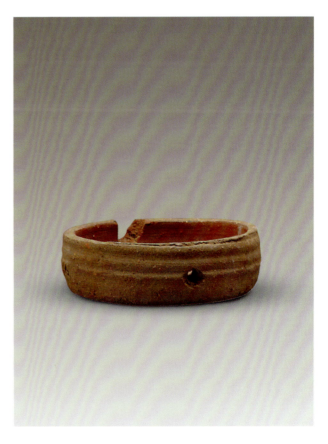

图版一四四　B 型钵形匣钵 T1 ②：9

图版一四五　A 型漏斗形匣钵 Y6 : 1

图版一四六　B 型漏斗形匣钵 Y6 : 4

图版一四七　匣钵盖 T1 ② : 7

图版一四八　垫钵 Y5 : 3

图版一四九　B 型垫碟 H4∶4

图版一五〇　B 型垫碟 Y3∶8

图版一五一　垫圈 Y5∶51

图版一五二　垫圈 T2 ⑥∶31

图版一五三　B型筒形小垫托 Y1：11

图版一五四　束腰形垫托 H1：28

图版一五五　束腰形垫托 T2 ⑥：33

图版一五六　侈口碗涩圈叠烧 Y1：32

图版一五七　敞口碗擦内底釉叠烧 T1 ②：6

图版一五八　敞口碗擦内底釉叠烧 T1 ②：6

图版一五九　折腹碗擦内底釉叠烧 Y5：16

图版一六〇　碗形大钵擦内底釉叠烧 H4：29

图版一六一　白瓷碗砂堆叠烧 Y3：23

图版一六二　深腹钵＋垫碟叠烧 T1 ③：1

图版一六三　碟＋垫碟叠烧 Y3：13

图版一六四　圈足小杯＋垫圈叠烧 T2 ⑦：26

图版一六五　盏＋漏斗形匣钵装匣仰烧 Y4：1

图版一六六　盏＋漏斗形匣钵装匣仰烧 Y4：1

图版一六七　盏＋漏斗形匣钵装匣仰烧 T2 ⑦：23

图版一六八　盏＋漏斗形匣钵装匣仰烧 T2 ⑦：23

图版一六九　双系罐套烧 T2 ⑦∶3

图版一七〇　双系罐套烧 T2 ⑦∶3

图版一七一　叠搭烧对烧 Y3：18

图版一七二　叠搭烧对烧 Y3：18

图版一七三　研磨杵 Y5：50

图版一七四　Y5 窑炉内草拌泥块